家事名人の生活整理術

阿部絢子

講談社+α文庫

まえがき――スッキリと生活を整理するための「シンプル・マジック」

人が生活するところ、そこには必ずあと始末が待っています。あと始末とは、掃除、洗濯、炊事、ゴミ出しなどの家事。生活にとって必要な時間ですが、この時間をどうするか、これは、自分がいきいきと生活できるかどうかにかかわることです。

一日二四時間。睡眠八時間、仕事八時間とすると、残り八時間が自分の時間となりますが、このうち食事の支度、食事、入浴、身支度など必要時間最低四時間を使用すると、およそ四時間ほどしか自分の自由にはならないのです。

じつは、私はここが不満だったのです。平均して一日たった四時間しか自由時間を持てないことがです。その不満がつのり、どうしてもあと始末にかかる時間を切り詰めたい、節約したい、合理化したい、と二〇代後半から家事短縮法を探す旅がはじまりました。

ところが、この旅はあらぬ方向に進んでしまったのです。短縮には道具やモノが必要と、モノを利用するほうへと向かいました。

そして、どうでしょう。いまだから話せるのですが、家事は短縮されるどころか、かえって複雑化し、時間もかかるようになったのです。

その大きな理由は、便利で、家事を省力化できると信じた道具やモノに頼りすぎ、そのうえ欲望をふくらませすぎ、モノをあふれさせたことが問題でした。

当時、スーパーマーケットには世界各地の食品がところ狭しと置かれ、便利さを幾重にも搭載した家電製品が並び、持てば料理の腕がアップすると思える調理器具がそろっていました。

私は、家事軽減・省力化と称し、家電製品、調理器具、調理便利グッズ、掃除道具、洗濯小物、洗剤類など、どっさりと購入していたのです。

さらに、あろうことか！　家事とは無縁の洋服、バッグ、アクセサリー、靴までも、流行に魅せられ、欲望をふくらませ、生活に取り込む始末だったのです。

狭い家はモノであふれ、掃除しようにもまずモノを動かしてから、ということになるのですが、動かすスペースがないので、サッと掃除もできず、ガスレンジまわりだけでも最低一時間はかかる有り様でした。

もちろん、欲望の膨張はモノだけにとどまったわけではありません。つきあい――仕事関係、近所づきあい、友達や親戚づきあいなどの輪を広げ、そつなくこなしていたのです。

しかし、ある日突然、それはやってきました。

精神的なイライラが最高となり、友達とのいさかい、家族との衝突、ついに、動かなくなった炊飯器と冷蔵庫の前で、道具がなければなにもできない自分に腹を立て、私はパニックを起こしました。

しばらくたち、私はハッと気がつきました。「シンプル・マジック」――モノや人に依存しすぎて生活が複雑になったことに。もっとシンプルで、時間にゆとりのある、スッキリとした生活があることに。

「シンプル・マジック」、それは生活のムダや多すぎるモノとの決別。

これまでの自分の生活スタイルを反省し、これから向かう生活を見据え直すことなのです。

すことです。

そのためには、モノに対する要・不要のチェックリストをつくり、実際に繰り返し整理・処分し、モノの手入れや掃除にかかる家事を軽減し、スムーズに運ぶことです。

また、モノだけではなく、人間関係においてもムダな気遣いをせず、草花を観賞し、友人と楽しいお茶のひとときを過ごし、猫や犬と日向ぼっこをする……更年期のイライラや仕事の気ぜわしさを解消させて、ささやかな喜びに変える、生活を整理し変革することなのです。

私がすぐに実行に移したことはいうまでもありません。

おかげで家の中はスッキリし、家事は省力化されてスムーズに運び、いきいきと生活する自由時間も増え、環境にも負荷をかけない、快適このうえない生活を手に入れることができたのでした。

これはまさに「シンプル・マジック」。

ここに、これまでの私自身の経験をふまえ、生活のムダ、心のムダ、時間のムダを削《そ》ぎ落《お》とす生活整理術を初めて明らかにし、生き方を提案させていただきました。

現代社会で忙しく仕事が思うように運ばない、つきあいでの心のストレス、家事を軽減できないイラ立ち、モノの始末ができないゆううつ。
こんなストレスや悩みを抱き、なんとかしたい、と焦る方々に本書が少しでも参考になれば、これ以上の喜びはありません。

二〇〇一年　五月

阿部《あべ》絢子《あやこ》

家事名人の生活整理術◉目次

Part 2　自分流が光るおしゃれの「減量」作戦

Part 3 片づけ・掃除はスピーディに手を抜く

Part 4 食べることは、シンプルがおいしい！

Part 5 心を整理してスッキリした生活

モノに縛られ生活の自由を持てない女性に贈る

◎こんなに大変！　毎日の家事(1)

◎こんなに大変！　毎日の家事(2)

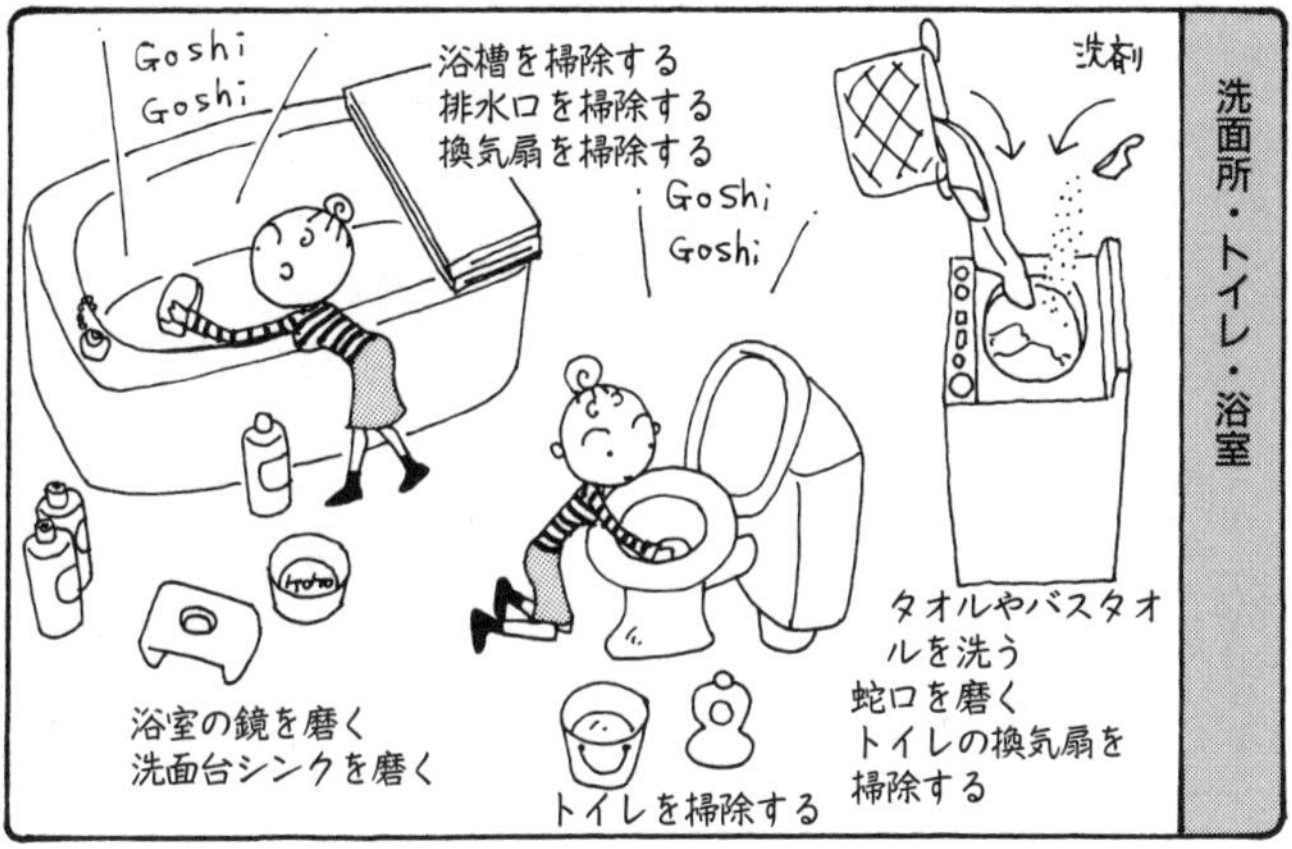

衣類
管理する
洗濯する
干す
取り込む
Goun
Goun..
アイロンをかける
クリーニングに出す
受け取りに行く
廃棄の判断をする
衣替えをする
手入れをする

◎こんなに大変！　毎日の家事(4)

食事の支度
メニューを考える
カンタンメニュー
買い物に行く
タイエー
Ju～
食事をつくる
弁当・保存食をつくる
食事のあと片づけ
食器・調理器具を
洗う、しまう
生ゴミを捨てる
ガスレンジの
油汚れを落とす
冷蔵庫の
点検と
整理
生ゴミ
フツーゴミ
キッチンの床を拭く

家事名人の生活整理術

Part 1

生活を整理すると、こんなに気分がラク！

1 モノにあふれた生活は快適さからほど遠い!

●欲望を誘うメッセージに踊らされ

野菜を育て、魚をとるといった生活とは違い、現代の都会生活では、欲望をふくらませるだけふくらませて生きることが可能で、また、それを誘うメッセージもいたるところに見られます。

個性を強調するファッション、家事の手間が省ける家電製品、おいしさをうたうスナック菓子、スピードと快適性を自慢する車、夢のようなモダンハウス、設置すれば腕前がアップすると錯覚しそうなシステムキッチン、そして、現代人なら持っていて当然といわれるパソコンや携帯電話……。

自分の欲望に少しの疑問も持たず、誘いのメッセージに乗り、いままでどれだけのモノを生活に取り入れたことか。生活はモノでふくれ、そのふくれた生活に押しつぶされ、身動きすらできない状態にまでなってしまいました。これもすべては、自分の欲望がふくらんだためなのです。

●欲望でふくらんだ生活を見直す

持ちすぎる衣類や靴、ハンドバッグにアクセサリー、使うことのない鍋、食器、調理器具、旅館も営むことができるほどのフトン、一生かかっても読みきれない書籍、雑誌。捨てられない子供の頃の工作品や写真、ビデオテープ、CD……。

このように欲望でふくらんだ生活を送ることが、はたして快適で楽しく、気持ちよいものなのかと、生活を見つめ直し、生き方を問い、迷い、自問しました。そんなとき、これらのモノたちが反省材料になったのです。

持ちすぎる衣類のためにクリーニングに出したり受け取ったりする時間や手間、置き場のないハンドバッグのためにスペースが占領され部屋は狭くなり、使うことのない鍋が邪魔して使う鍋が取り出しにくかったり、捨てられない写真やビデオテープで部屋が散らかり掃除が嫌になったり……。これでは生活が快適に、楽しく、気持ちよくなるわけはありません。私はようやく気がつきました。生活整理に挑戦しなければダメだと。

●生活整理のための六つのルール

生活整理は、自分が使うことのできる自由時間を増やし、ラクに、スッキリと生きるための思考でもあります。実行にあたり、私はシンプル・マジックルールを自分に課しました——。

●チェックポイント① 自分が生きる環境にできるだけ負荷をかけない
●チェックポイント② 自分の生活に必要ないモノはできるだけ取り入れない
●チェックポイント③ 生活に必要なモノを年齢と共に絞り込んでいく
●チェックポイント④ 手間、ヒマのかかることでも、生きるために必要な手段と考え、嫌わずに、厭《いと》わずに楽しく行う
●チェックポイント⑤ 家事はできるだけ時間をかけず、身体《からだ》も気分もラクにすます
●チェックポイント⑥ 飛ぶ鳥跡をにごさず、人生最後の迷惑はできるだけかけないよう始末しておく

◎生活整理の6つのルール

①環境に負荷をかけない

油がついてない お皿は 水だけで 洗えばいーわね
KYU KYU
KYU KYU

②必要のないモノは取り入れない

実演販売
べんりでっせ
No!

③必要なモノを年齢と共に絞り込む

かわいいけど すぐ 着られなく なりそー

④手間のかかることも楽しく

JABU JABU
RU RU RU RU RU

⑤家事はラクにすませる

さっ
さっ

⑥最後の迷惑はかけない

あとは よろしく〜〜
○○の墓

これだけのことができれば、私の生活整理挑戦は成功したといえるでしょう。

2 物事を決定しながら生きるのが、生活

●エアコン購入も夫まかせだった女性《ひと》

もうすぐ定年を迎える友人夫婦が、定年後は一緒に旅行をしようと楽しみにしていたのに、突然、夫が亡くなりました。ショックからようやく立ち直り、落ち着いてきた頃、彼女が、

「いままでなにからなにまで夫に頼ってきたので、小さなことひとつ自分で決められなくて困っているの」

といいます。

たとえば、エアコン。ご主人がパンフレットなどの情報を収集し、どれが最適かを選択していまの集中エアコンになったそうです。

これからのひとり暮らしを考えると、各部屋ごとに小型のモノに替えたい気もするけれど、その手だてがわからないというのです。どうやらこの友人の場合、ことはエアコンだけに限らないようです。

それまでの経済的に不安のない生活では、明日の暮らしをどうするか悩むこともなく、自分のしたいことだけをしていればすんでいました。それはとても幸せなことで、いつまでも続いて欲しい、と誰しも願うことでしょう。けれど、明日のことはわからないものです。

●基準がシンプルなら決定するのもラク

この友人のように、ひとり身の生活が現実のものとなると、いままでは必要なかった「物事を決定する」基準が必要となります。

集中エアコンでいえば、まず替えようと思う基準は何か、です。

電力がかかりすぎて不経済、寿命がきて効きが悪い、室内面積に比べ効率が悪い、機器が大きすぎてスペースがないといったことです。

こうした基準は頭にはあったでしょうが、夫にまかせておくほうがラクなので、つい自分では考えずにきてしまったにちがいありません。

生活は、物事を決定しながら生きることの連続。ひとり身では、なにごとも自分で決定しなければ、事は先へ進みません。自分なりの物事の決定基準が絶対に必要で、しかもその基準はシンプルであるほうがラクです。

生活には大きな決定を必要とする物事と、小さな決定ですむ物事とがあり、いずれの決定基準もシンプルが一番。

つまり、自分に必要か、なぜ必要か、いつ必要か。この三つだけで十分。これ以上細かい基準があると、かえって決定しにくくなります。物事の決定基準もシンプル、スッキリを心がけることが、第一です。

3 生活をスキッとしたい人のための「モノサシ」とは？

●シンプルとは、要・不要をはっきりさせること

モノがありすぎて、いつも探しものをしている、家が片づかない、衣替えのとき着ていない衣類が見つかった、冷蔵庫で食品を腐らせることが多い、家族それぞれのシャンプーやリンスが邪魔で、風呂掃除が面倒、フトンが多すぎて押し入れに入りきらない、流しのまわりが乱雑できれいにできない、安売りしているのでつい洗剤、ラップを買いすぎて置き場所に困る……。

これでは、スッキリと生活したいと思うのも当然です。ところが、何から手をつけてよいかわからないという人もいます。

「シンプル・マジックの実行」とは簡単にいえば、生活していくためのモノやスペースの要・不要をはっきりさせることです。

けれど、生活の仕方は人それぞれで、要・不要を決めるモノサシはありませんから、それで悩むことになるのではないでしょうか。

●基本のモノサシは一汁三菜、二〇畳のスペース

モノサシはないけれど、基本の程度をおおよそで計ってみることはできます。生活の単位ともいえるひとり暮らしでみていきましょう――。

まず食生活では、一日の基本摂取エネルギーがモノサシになります。一人一日一八〇〇～二〇〇〇キロカロリー。この一日のエネルギーをつくり出すだけの食品が必要です。

もちろん、エネルギーだけではなく、食べたくなる食卓づくりも必要です。つくったあとには片づけがありますから、その心構えや用意も必要です。

昔風にいえば一汁三菜。これを基本にすれば、摂取エネルギーが過多になることもなく、一汁三菜を基本に食品を買えば、冷蔵庫で食品を腐らせることもありません。

海外でホームステイをしたら、一汁三菜ではなく一汁一菜でした。

たとえばオランダの家では、朝はパンとコーヒー、昼もパンとコーヒー、夜はアス

パラガスにゆで卵、サラダ、パン。朝と昼は毎日同じもので、夜だけが日替わりで温かいメニューでした。

当然、メニューをシンプルにすれば必要な道具もシンプルになります。

次は住生活。ひとりのスペースはキッチン、風呂、トイレを含み最低二〇畳は必要です。これより広くてもいいけれど、広ければその分、掃除も大変になります。

住まいは寝て、食べる場所でもあるので、フトンもいります。ベッドにすると、その分のスペースとベッドまわりの手入れ分スペースが必要となり、約六畳分をプラスします。また、フトンでは押し入れがいります。

食事の場所として必要なのが食卓ですが、座卓なら収納も可能。広いスペースをとらなくてすみます。

衣生活では、一週間分の衣類、靴、バッグ、肌着などが基本のモノサシになります。衣類はスーツ三着、インナー七枚、スカート、パンツが三枚ずつ、肌着一〇枚、靴下七足、靴三足、バッグ三個。これを基本に春と秋、夏、冬の三シーズンをモノサシとします。

◎自分にとっての必要量
（たとえば春や秋なら）

ブラジャー3枚

靴下・ストッキング
3足ずつ

パンティ5枚

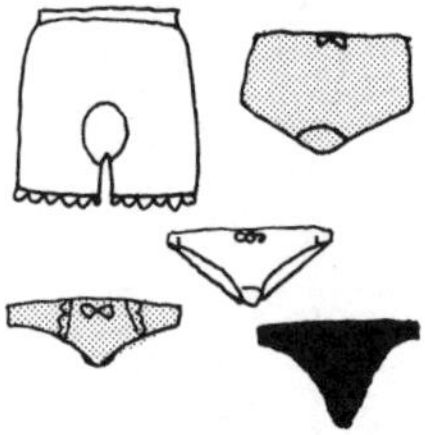

靴5足

ワンピース・スーツ1着ずつ

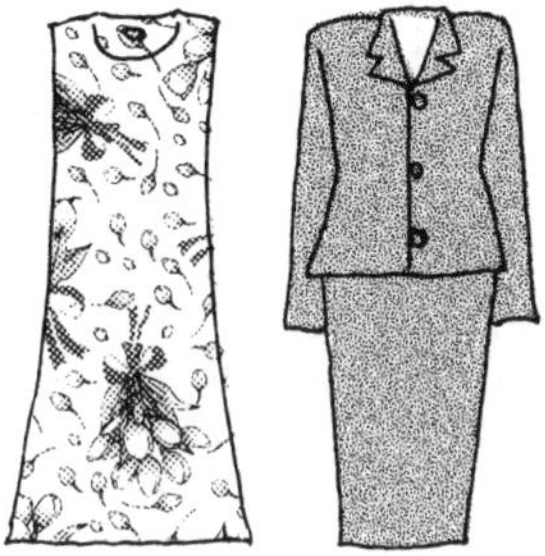

シャツ5枚

パンツ2本

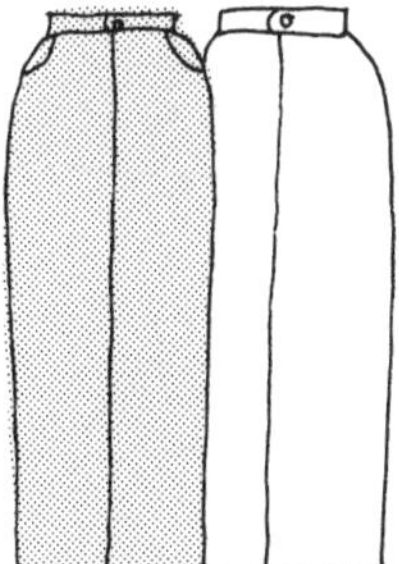

スカート3枚

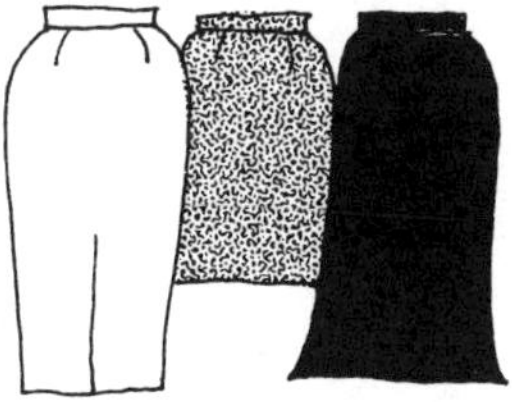

4 欲深いのが人間。欲は早めに退治して！

●特売品にも飛びつかない

私たち人間は欲が深いものです。欲しいモノもあるし、でも生活をスッキリとさせたいとも思っています。どちらも欲しがるわけですから、欲深ということです。

この欲は早いうちに退治しておかないと、いつまでたっても消せないから困ったものです。

でも、退治するには、どうしたらよいのでしょう。消しゴムでも消えないし、水をかけてもなくなりません。

欲は捨てるのが一番。たとえば——。

スーパーに買い物に行き、特売の肉を見つけたけれど、残念ながら四〇〇グラムと多い。二回に分けて食べればよいけれど、翌日は友人と食事の約束をしている。このとき、「お買い得だから買いたい」という欲を捨てるのです。

衣替えをしたら、まだはけそうなスカートが見つかった。でも、そのスカートに似合うセーターがない。ちょっとオイシイ価格のセーターを見つけた。あのスカートにピッタリ！　でも、セーターが欲しいという欲は捨てましょう。ついでに、そのスカートは誰かに譲ります。

●英会話に挑戦するのも欲深さ!?

海外旅行に行き、自分の英語力がないのを嫌というほど知らされました。恥ずかしいのと、悔しいのとで、英語を習おうという欲がわいてきたのですが、若いときならいざ知らず、これから習ったとしても、なかなか上達せず、使い道も限られ、真面目に取り組んだのではかえってイライラするのでは。それなら、真面目は捨てたほうがよいのです。代わりにいいかげんな気持ちで、遊びながら学んだほうがストレスもなく、気分的にもラクなはず。

広ければスッキリした生活ができると、３ＤＫの家に住んではみたけれど、モノがあふれた状態はいっこうに解決しないどころか、ますますひどくなる。それならもっ

◎こんなものいらない

広〜〜〜い家なんて
いらない

毎日そーじに5時間もかかるのよ
ひ〜
そーじきの音
ガーッ
ガーッ

「まだはけそう」な
スカートなんていらない

もー10年はいてないのよねえ でも もったいなくって…

必要なものだけあればいい

パソコンなんて
いらない

カチャカチャカチャ
パソコン
やっとかないと
時流にのりおく
れちゃうよ

使いもしない
英会話なんて
いらない

ペッラ
ペ〜ラッ
ベッラ
ベッラッ
LESSON II

たっぷりすぎる
特売肉なんていらない

だけど
だれが
食べるんだろ…
MARUSH
おとく用
牛肉1kg
おとく用
豚肉1kg

と広く、一軒家に住もうという欲が出てきた。広くなっても、整理べたは同じです。広さを望むという欲は捨てて、いっそもっと狭い家に住んだほうがまし。手を伸ばせば、なんでも取れるから、かえって便利です。

とことん徹底しないと気がすまない性格で、徹底的に仕事をしたけれど、昇進もせず、上司にも認めてもらえず、悔しいから転職して、もっと条件のよい職場に行きたいと欲が出てきた。他に移っても同じなので、認められたくて仕事をするという欲は捨てたほうがよいでしょう。仕事は自分が楽しみを得るための手段であって、認められるためにするわけではありません。身体を壊したとしても、代わりはいくらでも会社にはいるのです。

このように、欲をバッサリ捨てられたら、スッキリと生活できるのですが、こんなふうにあっさりと気持ちを捨てることなど誰にできるでしょう。

しかし、欲の気持ちを減らすことはできます。ムクムクと欲がわいてきたら、せめて、捨てる方向へスパッと考え方を切り替えて、抑えてみましょう。

5 四つの「R」はシンプル・マジックへのメッセージ

●断り、減らす「R」とは？

私たちには欲望があり、それがゆとりのある、スッキリとした生活をはばむことがあります。

欲望にどうしても押しつぶされそうになったら、シンプルな生き方を思い起こさせる四つの「Ｒ」を思い出しましょう。この四Ｒは生活を整理するメッセージなのです。

四Ｒとは、Ｒｅｆｕｓｅ《リフューズ》、Ｒｅｄｕｃｅ《リデュース》、Ｒｅｕｓｅ《リユース》、Ｒｅｃｙｃｌｅ《リサイクル》です。

Ｒｅｆｕｓｅとは、「断る、辞退する」という意味。必要のないモノ、いまはいらないモノ、代用品があるモノ、購入してもすぐには使わないモノは「断る、辞退する」ということなのです。必要ないと思いながら、欲望のために断れない場合が多いでしょう。けれど、必要ないモノは初めから断るようにすることです。

Ｒｅｄｕｃｅとは、「減らす、縮小する」の意味です。必要量、使用量、回数、容量を減らすことなのです。購入するとき、少なくて困るよりも、とつい多めに購入しがちですが、必要量より少なめ、使用量をより少量にすることでスペース的にもゆとりが確保されます。大きいこと、多いこと、回数の多いことは、ときとして考えもの。欲望も小さいほうが充実感も得やすいのです。

●再利用、再生の「R」でムダを省く

Ｒｅｕｓｅとは、「再利用、再使用する」という意味。新しいモノをわざわざ購入しなくても、いままでのモノを再利用できないか、修理して利用できないか、形を変化させて使用できないかということです。新しいモノを購入すれば、古いモノの行き場がなくなり、スペース的にもスッキリからほど遠くなります。それに欲望のままに新しいモノを購入したのでは、モノばかりが増えて、モノに振り回される結果に。それだけはやめたいものです。

Ｒｅｃｙｃｌｅは「元に戻す、再生させる」。使用不可能になった製品を最初の部

品、パーツ、材料まで戻す、使用済み製品を再生させて同じ製品にするといったことです。ここにも欲望を抑える「R」があります。いまは部分的に再生品がありますが、再生品であっても、新しく購入することに変わりはありません。もともと必要のないモノについては、欲望をキッパリ捨てることで、生活の整理がつけられます。

生活にはいつも四つの「R」が必要です。欲望にとらわれそうになったとき、このメッセージを思い出し、シンプルな生き方を思い描きましょう。

6 生活整理には、強い欲と「さよなら」して

●世の中は欲望をくすぐるモノであふれている

生活整理の目的は、時間を自分のために有効に、自由に使うことです。そのためには手間を省くことですが、同時に、私たちの心の中にある強い欲とは「さよなら」す

ることが大切です。欲には強いもの、小さいもの、ほどほどのものとさまざまありますが、まったく欲がないという人はいないでしょう。この欲がシンプル・マジックには少々曲者《くせもの》なのです。

「パリ、ミラノ、ニューヨークとファッションは毎年変わっている。流行を追いかけているわけではないのに、少し古いモノはなんとなく着られない。タンスもいっぱいなのに、また新しいモノを買う。どうして欲しくなるのかしら」と、引き込まれるように衣類が欲しくて購入してしまいます。ここが、シンプル・マジックの進まないところです。

欲しいのは、衣類だけではありません。便箋《びんせん》や葉書をふだんは使わないのに、きれいな葉書があるとつい欲しくなる。葉書、便箋、ノート、ボールペン、シャープペンシルなどステーショナリーの前を通りすぎることができない。収納場所がいっぱいなのに、見ると欲しくなる……。ほとんど病気です。見ても欲しいと思わなければスッキリとした生活になるのに、見ると欲しくなるのは、やはり病気のようです。

●見知らぬ女性のバッグが欲しくなった私

かなり前のこと。地下鉄の駅のホームで、素敵なバッグを持っているお嬢さんを見かけました。

思わず、「そのバッグ、とてもお似合いですね、どちらで買われたのですか？」と声をかけていました。知らない人から声をかけられて驚いたでしょうに、お店を教えてくれました。

さっそく出かけたものの、目指すお店が見つからなくて、がっかりした覚えがあります。いまでは、見つからなくてよかったと思っています。

モノを欲しいという思いをできるだけ抑えて省くことが、シンプル・マジックを早める道になります。

欲は量だけでなく、強さや大きさなど質も選んで省きたいものです。

7 シンプル・マジックはやっぱりむずかしい？

●スッキリと生活したいのに……

「家を引っ越してみると、いままで使っていた冷蔵庫、食器戸棚、テーブルやソファなどの家具、カーテン、タンス、ベッドなどが古びた感じがして、どうしても新しいモノにしたくなってしまう」

「女のささやかな楽しみ、買い物。これを失うと、何のために働いているのかわからなくなるわ。でも、もうタンスはいっぱいなんだけど」

「衣替えのたびにボランティアに出そうと思うけど、どこに出してよいか、調べようと迷っているうちにまたそのまま収納することになるの」

「もったいないという気持ちがいつもついてくるから捨てられない。そうすると家にモノがあふれて、身動きがとれなくなるのよ」

「夫と二人だから、旅にちょっとくたびれたパンツをはいて行ったのね。そしたら、一緒に歩くの嫌だって。もっとましな服買ってこいっていうの。これからデパートに行くんだけど、着ているモノなんてどうでもいいのにね」

「目の前がスーパー。最近自然災害が多いじゃない、いざっていうときのために備えておきたいんだけど、いつも賞味期限切らして、もったいないよねぇ」

「一度読んだ本、どうしてる？　捨ててもいい文庫本までとってあるから、本棚はいっぱい。床にも、廊下にもあふれて、どうすればよいのか。でも、またすぐに買ってしまうの……」

「うちの姉、とにかく何でもかんでももらってくるわけ。衣類、化粧品、コーヒー豆、植木、ストッキング……。それにあちこち所構わず置きっぱなし。だんだん寝る場所まで狭くなって、ゆっくり寝られない、だって」

●私に残された自由時間は一二万時間ないかも

聞いていると、確かにシンプル・マジックを実行するのはむずかしそうに思えます。それは、あなたにとっての「なぜ？」がはっきりしていないからです。

◎こんなに大変！　家事リスト(1)

衣類	・管理する ・衣替えをする ・手入れをする ・洗う ・干す ・取り込む ・アイロンをかける ・クリーニングに出す ・受け取りに行く ・廃棄の判断をして捨てる、ボランティアに送る
バッグ	・手入れをする ・整理する
靴	・手入れをする ・洗う ・干す
部屋	・片づける ・掃除する ・扇風機やエアコンの掃除をする ・レースのカーテンを洗う ・資源ゴミに出す（新聞や雑誌を整理する、ビンや缶を洗う、プラスチックのゴミをまとめる） ・本棚を整理する ・窓ガラスを磨《みが》く ・天井や壁にモップをかける ・照明器具を掃除する ・粗大ゴミを出す（映らなくなったテレビは家電リサイクルシステムの手続きをふむ、使わないガスストーブなどは役所に連絡してシールを貼る）

◎こんなに大変！　家事リスト(2)

食事の支度	・メニューを考える ・買い物をする ・食事をつくる ・弁当をつくる ・保存食をつくる	・おだんごやケーキをつくる ・買い換えの家電製品を選ぶ
食事のあと片づけ	・残り物を片づけるためのメニューをつくる ・食器、調理器具を洗う ・食器、調理器具をしまう ・流しの汚れを落とす ・ガスレンジの油汚れを落とす ・冷蔵庫・冷凍庫を点検し、整理する	・生ゴミを始末する ・キッチンの床を拭く ・冷蔵庫の掃除をする ・流し台やガスレンジの下を整理して掃除する ・食器棚の中を整理して掃除する ・引き出しの中を整理して掃除する
洗面所 トイレ 浴室	・タオルやバスタオルを洗う ・洗面所の鏡を磨く ・蛇口を磨く ・洗面台シンクを磨く ・風呂の排水口を掃除する	・浴槽を掃除する ・浴室の換気扇を掃除する ・浴室の鏡を磨く ・トイレを掃除する ・トイレの換気扇のホコリを取る
フトン	・干す ・取り込む ・手入れをする ・カバーを洗う	

そもそもなぜ生活整理をする必要があるのでしょう――。

私の場合は、一にも二にも「時間」のため。とりあえず八〇歳まで生きるとすると、物心ついてからの六五年間の合計は、五六万九四〇〇時間。そのうち睡眠時間を差し引くと、三七万九六〇〇時間。すでに六〇歳まで生きてしまったので、活動できる残り時間は約一二万時間。でも、病気をすればこの時間はあっという間に短くなってしまいます。

残された時間を自分のために、有効に、自由に使いたいのです。それには、できるだけ手間を省いて、生活していきたいのです。

●家事を効率よくこなすにはモノを減らす

最も省きたい手間といえば、家事。ところが、家事とは生活のあと始末。省くのが早道と、なにもしないでいると、たちまちゴミためのような部屋になり、ダニまでわいてしまいます。

そんなゴミためみたいな部屋でも本人がよければ、かまいません。張り切って時間を有効に使おうという意欲もわかず、生活にメリハリもつかなくなるでしょうが、それでもよいのならいうことはありません。

家事を具体的にあげていくと、大変な量になります。試しに五二ページにあげてみました。

この膨大な量の家事を毎日、一週間、一ヵ月、六ヵ月、一年かけてしなければならないのです。効率よく、手順よく、手早く片づけていかなければ、とても自分の時間などつくれません。

仕事をしたかったり、趣味に時間をさきたかったり、もう一度学ぶ心を取り戻して勉強したかったり、と人はさまざまな希望を持って生きています。その希望を現実のものとするには、時間が必要です。そのための時間をつくり出さない限り、希望へ到達するのはむずかしいのです。

そのことがわかれば、気分もラクになり、シンプル・マジックを実行することも簡単でしょう。

8 ため込まずに捨てて、定期的に生活のアカ落としを

●シンプルのつもりでも油断するとモノは増える

友人のお母さんが八八歳で亡くなりました。それまで大病をすることもなく、元気に暮らし、食事をつくり、掃除、洗濯もこなしていたそうです。朝、友人を送り出してくれたのに、帰ってみると亡くなっていたそうで、友人にも大変なショックだったようです。

その数ヵ月後、友人があと始末をしたところ、押し入れの中から、それまでの長い人生を物語るようにさまざまなモノがどっさり飛び出してきたといいます。

「母はモノに執着しない人で、いまでいうシンプルライフに徹していたのよ。なのに、押し入れの中には、紙袋や毛糸、布や紐や寝具などがどっさりため込んであったの。いったいどうするつもりだったのかしら。整理するのに三ヵ月はかかったわ」

人生を重ねると、どんなにスッキリと生活しているつもりでも、澱《おり》のように生活のアカがたまってくるものです。感動した文庫本、ＣＤ、子供が小さかった頃の記念のビデオテープ、忘れていた写真、夫が初デートで買ってくれたアクセサリー、初月給で購入したハンドバッグ、始末しようと思いながら忘れていた衣類やフトンｅｔｃ.……。

よほど気をつけていないと、あっという間にたまってしまいます。一定の量以上にたまると、どこから手をつけてよいかわからなくなって、結局、そのままにしてしまいます。そこで、シンプル・マジックを続けるには、定期的に生活のアカ落としを行うことです。

●食品、新聞は毎日アカ落としを

食品は毎日点検してアカ落としをします。冷蔵庫や冷凍庫の中で忘れられている食品は早めに食べて、食品庫でカビが生えているものが見つかったら、即、処分。

新聞や雑誌なども、その日のうちに必要な記事をファイルしてあとは処分します。バッグ、靴、アクセサリーなどの小物は一ヵ月に一回、フトンや照明器具、本やＣＤ

やビデオテープなどは半年に一回を目安に、不要なモノは処分します。

人生を重ねる間には、いくつかの節目を迎えます。その節目節目には、もっと大きく総アカ落としをすることが必要になります。そのときには、引っ越しのつもりで家中のアカ落としを。

9 必要なモノだけを厳選すれば、家事のスピードも気分もアップ

●理想と現実は別のもの

「じつは、家のリフォームをしたのね。ところが、いままで使っていたモノは捨てないままで、新しくなった住まいにあわせて、少しだけモノを買い足したわけ。そうしたらモノでゴチャゴチャして、かえって生活しにくくなったのよ。どうしたら、モノが減らせるのかしら……」

「うちは、夫がモノを持ち込んでくるの。いらない、っていうのに、アメリカ製のキッチンを購入して、大変だったのに、またまたアンティークに凝って、いろいろと買い集め、家中アンティークだらけ。掃除するのもひと苦労よ。私はもう、モノはいらない！　って叫んでいるの」

以上はある座談会での会話です。スッキリ生活したいとは思っているものの、現実にはまるで反対の暮らしになっていることがわかります。

●家事に人生を支配されたくない

モノはある程度はなければ困るし、不足すれば不便ですが、かといって必要以上にあると邪魔になり、生活しにくくなります。なによりも家事がスムーズに運ばなくなります。

たとえば、アイロンがけをするにも、そのスペースがなく、掃除をするにも、散らかっているモノを片づけるだけでくたびれてしまいます。窓を拭きたくても、窓辺にはモノが積み重ねられていて、浴室は家族各人のシャンプーにコンディショナー、スポンジにブラシ、浴用洗剤などであふれ、それらをいちいち動かしながら掃除をしなければなりません。食事の支度も、あれこれある調理器具を片づけてからでなければできません……。

これでは、家事をテキパキこなすことは不可能。家事にばかり時間がかかり、自由な時間がほとんど持てなくなります。一生家事の奴隷で終わってしまうかもしれません。

●モノ選びがシンプル・マジックへの入り口

家事をテキパキこなすには、生活必需のモノ選びが大切です。たとえば、スリッパは必要か、ということです。スリッパがあれば、床が少々汚れていても気になりませんが、その代わりスリッパを洗う手間がかかりますし、古くなったら買い換えなければなりません。スリッパがなければ、床をチリひとつないきれいな状態にしておく必要がありますが、代わりに、スリッパを洗ったり、古くなったモノを買い換えたりする手間は不要です。

スリッパ手入れか床掃除か、どちらの家事をとるかはその人の自由ですが、家事をスムーズに運びたいのなら、とことん生活必需のモノ選びにこだわって、そのモノが自分の生活に必要かどうかをじっくり考えなければなりません。ここで家事がスムーズにいくかどうかが決まるのです。とことんこだわって生活必需のモノを抑えてそろえることで、掃除も洗濯も料理のあと片づけも面白いほどテキパキでき、気分もとてもラクになるから、不思議です。

10 パソコン、メールにも気がかりが……

●パソコンに向かうのは時代の先取り？

必要なモノだけを厳選するといえば、携帯電話やパソコンはどうでしょう。いまや携帯・パソコンは必需品の時代。メールを送ればあっという間に届き、いいたいことがすぐに伝えられます。気持ちのつきあいが、こんなにも簡単にできるようになったのです。

時間にゆとりができると、たいていの人は何か新しいことをしたいという思いにかられるようです。パソコン教室に通うのもそのひとつ。早朝、めったに出会うことのない友人と駅でバッタリ。行き先を聞くと、「パソコン教室に通っているの。もうパソコンができないっていえないからね」とのこと。頑張っているなぁ〜と励まされたようでした。

それから数ヵ月が過ぎ、再び会ったとき、「パソコン、上達した？」との問いに、「通ってみたけれど、これから必要ないことに気がついて、やめてしまったわ」と、彼女は「必要なし」の選択をしたようです。

また、パソコンがないと夜も日も明けない友人は、毎日六〇通以上のメールが送られてくるというのです。「メール、読むの大変ね。わずらわしくない？」と聞くと、「本当に大変よ。読むのはわずらわしくないけれど、返事を書くのが面倒ね。毎日、夜中の一〜二時までかかるのよ。自分の時間なんてありゃしない」と、返事のわずらわしさを訴えています。

ゆったりとした生活がしたい、といいながら、メールによってこれまで以上につきあいに時間をさくことになっているのが現実です。

パソコンは生活の中心的商品となったようですが、同時にわずかな面倒も抱えたのではないのでしょうか。

●パソコンの紙消費も抑えなければ

それと、紙の消費も考えなければなりません。メールなら気持ちや用件を手早く伝えられますが、私には紙消費のほうが気がかりです。

仕事でパソコンを使用している仲間と話をしていたとき、紙の消費が話題となりました。

「パソコンだからプリントして残すこともない、と思っていたら違うのよね。確かめるのにプリントしている」

「紙の消費が少なくなるというけれど、同じよ。やはり、紙で見ないと気がすまない」

「メールを読むのはいいけれど、内容を忘れて、やっぱりプリントしてしまう」

「仕事に使うデータもプリントしてしまうわね」

と、おたがい、紙のムダ使いをしていることを認めあい、紙消費が徐々に増えたことを戒めあったのです。

いまや、パソコン使用は生活上、当たり前ですが、せめて、紙消費を抑える努力をしない限り、紙があふれていく生活に「スッキリ」は、ほど遠いといえるようです。

11 家計費はコップ一杯の水。二〜三分は残すこと

●ケチではなく、合理的な節約を

シンプル・マジック実行でもっとも重大なのは、家計をシンプルにすることです。これも欲望とのせめぎあいがあって、なかなか一筋縄ではいきません。

単純にケチに徹すればよいというものではなく、合理的な消費にしなければならないわけで、いったいどうすればよいのか悩みます。

婦人雑誌などでは、一食一〇〇円で食費をまかなうといったテーマで特集をよく組

んでいます。確かに一〇〇円で食費をあげることはできるけれど、家計費全体を低く抑えなければ、合理的な消費とはいえません。食費だけを切り詰めても衣生活でドーンと浪費しては、家計費全体の節約にならないことはいうまでもありません。

コップの水にたとえると、わかりやすいでしょう――。

家計費がコップ一杯の水だとすると、この一杯の飲み方が大切になります。喉が渇いたからと、一気に全部飲みほせば、いざというときに水がなくて困ってしまいます。かといって、ちびちび飲むのでは、飲んだ気がしなくてストレスがたまることになります。ちょうどよいのは七分か八分。あとは残すことです。

一生の間には、コップ一杯を全部飲まなければならない時期があります。たとえば、子供が進学したり、病気になったり、老いた親の面倒をみなければならなかったりといったときです。また、こんなご時世ですからリストラされることもあるかもしれません。そのようなときに備えて、二～三分の水を飲み残す必要があるわけです。

●交通費、通信費、光熱費などは格好の節約対象

では、何を飲み残せばよいのでしょう。家族構成や年齢などによって違いがありま

などです。

すが、どのような場合でも心がけたいのが、交通費、通信費、交際費、そして光熱費
交通費については、過疎地域でない限り公共交通が便利で安心、しかも安上がりです。車を持つとなると、経費もばかにならないし、第一、環境エネルギーも考えなければならないのでかえってわずらわしくなります。

通信費といえば、パソコンやインターネット、携帯電話なども経費がかさみます。やめるのではなく、お金のかからない時間帯や料金設定を選んで、さらに、必要なときのみ利用すればよいのです。

交際費については、見栄が関係します。それこそ心を整理することが必要でしょう。

光熱費は電灯などをこまめに消し、電源も切る、といった基本的なことをきちんとこなすことです。電源をつなぎっぱなしでいるための待機電力量はかなりのもの。環境への配慮のためにも大切です。

12

シンプル・マジックは環境にもやさしい

●質を落とさず量を抑える

生活には水やエネルギー、大気、食糧などが欠かせません。しかし、これらを必要以上に使うことは、ムダを生み、生活をも圧迫することになりかねません。必要以上の使用は、かえって生活を不自由なものにします。

より快適で、気持ちがよく楽しい生活をいつまでも続けていくためには、必要量をできるだけ少なくすればよいのです。生活の質を変えずに、量だけをいまよりほんの少し減らすことで、自由な時間や気分的にラクな生き方が手に入るなら、そのほうがよいわけです。

必要量を減らすことは、シンプルに生活することです。生活を見直し、ムダな部分を削って自分が自由になる生き方を持つこと、それが生活整理術。

●自分の必要量を知る

その結果、必要量がいまより少なくてすむ生活ができるなら、それこそグリーンエコロジカルライフにもなります。

多量の水を使用することもなく、もちろん多量に水を使用する商品を使わなければならなくなったときのことも考えての生活。エネルギーも同じです。

そして、自由時間を生み出して、ささやかな楽しみを得て、元気に暮らし、生きていく姿勢そのものがシンプルといえます。

しかし、シンプルに生きたいとは思うものの、実際に実行するとなると、むずかしいこともあります。そんなときには、自分にとっての必要量を繰り返し計ってみましょう。いったい、自分が望む必要量はどれくらいなのか、を。たとえば――。

●チェックポイント① 何時間眠ればすむのか
●チェックポイント② どれくらいおいしいものを食べればよいのか
●チェックポイント③ 何枚衣類を持てば気がすむのか
●チェックポイント④ どれだけ広い部屋が必要なのか

●チェックポイント⑤ どれほど家電製品を持てばラクになるのか
●チェックポイント⑥ どこまで自動車を走らせたら爽快なのか

自然環境の循環がなくなれば、私たちの生活は存続しません。シンプル＝エコロジカルなのです。

13 シンプル・マジックは思い立ったときが、実行のとき

●「こんど」「いつか」で、時はむなしくすぎて

「友人が遊びにくるというので、宿泊の準備をしたけれど、押し入れの中がぎっしり詰まっていて、フトンを出すのにひと苦労。とりあえず、泊めることはできたけれど、こんど押し入れを整理しなきゃ、とつくづく思ったわぁ」

「ちょうど衣替えのとき、一度出してはみたけれど、肩パッドが入っているの。いつか、肩パッドを取って着ようと思いながら、まだやっていないのよぉ。裁縫するのは面倒だしね」

「とにかく靴やバッグなどの革製品が多いから、梅雨どきや秋になると、いつもカビさせてしまうのね。こんどこそカビないように、いるものといらないものに整理して、スッキリさせようとは考えてるんだけど、そういえばもう一年がたってしまったわねぇ」

「母が来るんで、洗面所でもきれいにしておかなければ、というちに、一週間なんてあっという間で、母が来てしまったの。忙しいので洗面所の化粧品は散らかっているし、ヘアブラシや歯磨きは出しっぱなし、おまけにアクセサリーまでほったらかしで、もうさんざん怒られた。いつかはきれいにしようと思っているんだけどねぇ」

●思い立ったときに行動しなければ

こんどヒマができたら整理しよう、が、こんど涼しくなったらやろう、こんど夫が休みになったら手伝ってもらって片づけよう、になり、そのうち、いつか定年になったら、いつか子供が独立して家を出ていったら、いつかお金に余裕ができたら、になり、しまいには、いつか死ぬまでには、になる……。シンプル・マジックは思い立ったときが、即実行のとき、と心得ます。

Part

2

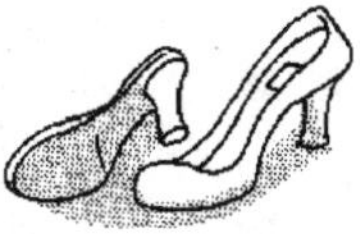

自分流が光る おしゃれの「減量」作戦

1 少ない洋服を上手に組み合わせる。これこそおしゃれの真髄

●おしゃれを「歯磨き」と考える⁉

シンプルなおしゃれではなく、おしゃれを含めた衣生活全体をシンプルに考えようという提案です。

おしゃれには、衣類、ランジェリー、靴、バッグ、アクセサリー、化粧のすべてが関係しています。衣類だけを整理しても、化粧やアクセサリーを流行にあわせて追いかけていたのでは、死ぬまで衣生活はスッキリとはしません。

おしゃれをどのように考えたらよいのでしょう。私は歯を磨《みが》くようなもの、と考えています。歯を磨くのは、歯を整え、汚れを落として、最後まで丈夫に使えるようにするためです。それと同じに、吟味して選んだ衣類、ランジェリー、アクセサリー、バッグ、靴などを整え、それらの汚れを落とし、最後まで使うように考えてはどうで

しょう。

そうはいってもそれほど簡単なことではないのは、私自身が一番よく知っています。歯を磨くようにシンプルにはならないのです。

なぜなら、歯磨き剤を選ぶからです。歯を白く、きれいに見せたい思いが強くなるから、もっと白く、もっときれいになる歯磨き剤はないかと、いつも探して、あれば買ってしまうからなのです。

この欲にかられると、おしゃれはエスカレートして収拾がつかなくなり、衣類はタンスからあふれ、とてもスキッとさせるどころではなくなります。ドジることさえあります——。

●流行の黒い服を買い込みすぎて大失敗

一〇年以上も前に黒が流行したことがあり、私もスーツやスカート、ブラウス、パンツなど黒い服をたくさん持っていました。働く女性としては、流行の色を身にまとって、ビシッとキメたかった!

その日は、前の晩から着るスーツをきちんと用意しておきました。ところが、朝起きるとあいにくの雨。泥がハネても目立たない黒いスーツに急遽《きゅうきょ》変更。出かけるギリギリ前のこと、大あわてでチェストにあるジャケットを取り出し、クローゼットにつるしてあったスカートをはいて玄関を飛び出しました。

どうにか間に合いそう。ほっとして歩き始め、ふと洋服を見たら……上下の黒の色合いが微妙に違う！　別々の黒を着ていたのです。

ビシッとキメるどころか、その日は一日中気分が悪かったことはいうまでもありません。

欲にかられ、歯磨き剤を買い込みすぎて、しかも使い方を間違えて、とんでもない状態になってしまったかっこうの悪い例です。

●組み合わせはおしゃれな人から盗む

おしゃれをスキッとするには、欲との大いなるせめぎあいになりますが、おしゃれの基本の歯磨きを忘れてはいないでしょうか。基本は持ち数を少なく整え、使い続ける間は汚れを落とし、丈夫に長く使うということです。歯磨き剤である衣類も基本を持てばよいはずなのです。

おしゃれといえば、肝心なのは自分の色とデザインです。流行に迷わされない自分の色を決め、それにアクセサリー、マニキュア、バッグ、スカーフなどにほんの少し流行の色を加えると、衣生活も整理できます。しっかり流行色を取り入れようとすると、色が変わるたびに振り回され、個性も薄れ、衣類だけがあふれ、始末できない状態になってしまいます。

それにデザインも基本を外したくないものです。特徴のあるデザインは覚えられ、同じ顔ぶれの集まりでは何回も着ていけないこともあります。スーツはもちろん、ジャケットやスカートなどのデザインもごくふつうのタイプにしておくと、インナーで楽しむことができます。

うまく組み合わせれば、おしゃれに着こなせます。大切なのは組み合わせのテクニックを磨くことです。これは人のおしゃれをよく見て、真似するのが一番です。かっこよい人、しゃれている人、センスのよい人など多くの人を見て、コツをつかんでいきましょう。

●百点満点の評価を求めなければ、気ラク

きれい、素敵といった評価を得たい気持ちも衣生活のシンプルをはばむ大きな要因です。歯は白くて、汚れがなければよいのであって、おしゃれの成果もこれと同じ、と考えたほうが気分はラクです。評価を求めすぎるのは、百点満点を求めるようなもので、いつもそれではつらくなります。

とりあえず平均点をキープして、ときおり百点満点で評価されるとうれしいもの。ときどきだから、喜びも倍になります。

それに評価は人によってまちまち。

すべての人から百点は得られないし、それよりおしゃれは自分が満足していれば、誰が素敵だの、かっこう悪いだのといっていようが知ったことではない、と思っていたほうが、ずっと気がラクです。

さらにおしゃれにはお金がかかります。水のようにあふれるほどお金を持っているならいざ知らず、月給の中からのおしゃれでは限りがあります。

基本がきちんとしていれば、おしゃれもＯＫ。自分が満足していれば、おしゃれは楽しいのですから。

2 六つのチェックポイントで選び、スーツ類を二〇着に

●飽きっぽい性格そのままのワードローブに！

私は仕事中心の生活をしているせいで、ワードローブも仕事中心でスーツが多くなります。スーツは、インナーさえ変化させれば衣生活もシンプルになり、スカートを替えれば、上着はジャケットとして楽しむことができます。

しかし、私の場合、問題は飽きがくること。インナーやアクセサリー、スカート、パンツなどで変化をつけてみても、そのパターンはせいぜい五つが限界です。毎週同じパターンで仕事をすることになってしまいます。でも、週替わりで変化しているので、シンプルに徹しているのだから、これでよしとしました。

ところが、どうしても歯磨き剤を持つと、替えたいという欲望にとらわれるのです。歯磨き剤にバリエーションが欲しくなるわけです。服地のスーツが多かったの

で、こんどはニットのスーツも欲しくなるのです。

仕事中心のワードローブとはいえ、目移りしやすく、飽きやすく、乗りやすく、欲しがりやすい私の性格と同じワードローブとなってしまいます。かくして、衣替えのときに整理しても整理しても、いっこうにゆったりとした衣生活にはほど遠い状態に……。

あるとき、翌日着るモノを選んでから寝ればいいのに、疲れが先で、すぐに寝てしまいました。翌朝、時間がないから、手元にあったモノを着て家を飛び出しました。電車に乗り、つり革につかまった自分の右手を何気なく見たら、袖の縫い目がわずかにほつれていたのを発見。すぐに左手につり革を持ち替えたけど、とても恥ずかしかった。そんな失敗を繰り返す状態だったのです。

●大ナタをふるって処分。生活が軽やかに

仕事中心ではあっても、徹底して選び抜かれ、おしゃれを追求したワードローブでなかったから、失敗を招くわけです。

そこで、もう一度ワードローブをとことん選び直してみることにしました。選び直

しのポイントは、

- チェックポイント① 自分の色をはずさない
- チェックポイント② 着心地がよい
- チェックポイント③ 古くても気に入っている
- チェックポイント④ 仕事に張りが出る
- チェックポイント⑤ 一人でも褒めた人がいる
- チェックポイント⑥ 誰も自分をじろじろと見ることはない

このチェックを二回、三回と繰り返し、ようやくとことんワードローブを厳選してみました。そして、夏と冬のスーツおよびジャケットを二〇着に絞り込むことに成功。このくらいの数ならそうそう失敗することもありません。古いモノも入れたので、ここ何年かで、いずれ着られなくなるときが来ます。そのときには新規購入をするつもり。こうしてとことん衣類の選び直しにこだわった結果、タンスやチェストもスッキリ、さっぱりします。

◎選び直しのポイント

①自分の色をはずさない

②着心地がよい

③古くても気に入っている
このTシャツはあと10年は着るつもり
⑤一人でも褒めた人がいる
そのふくにあうよ
ほんと?
④仕事に張りが出る
しゃきっ
⑥誰からもじろじろ見られない
目立たないふくってラク

生活が軽やかになったことを想像してみてください。

3 衣替えは不要な衣類を整理する一大チャンス

●衣替えの前に着続けるか、やめるかを判断

衣替えを衣類の手入れどきと思っている人が多いのですが、それは間違いです。手入れは脱いだときにするもので、衣替えは衣類を整理処分するためのもの。衣類を着続けるか、着るのをやめるかの判断は着ているときにはなかなかできないものです。シーズンが終わって、その衣類の状態を見て判断することになります。それが衣替えのときというわけです。

衣類を整理すれば、着なくなったものまで衣替えする必要はなくなり、その手間が省けます。また、衣類の持ち数が多ければ、洗濯や手入れに手間がかかります。衣類

の整理はこの手間も省けます。さらに、取り出しやすく、しまいやすくなり、ここでも手間が省けるというわけです。

●自分流チェックリストをつくったら迷わない！

衣類の整理処分にはいろいろな方法があります。たとえば、一着買ったら一着整理する、収納場所に収まりきらないものを整理する、衣類の持ち数を決める、外出着の持ち数だけを決める、二年周期で整理する、などです。

しかし、そうそう簡単にはいかないし、できるものではありません。その理由は、手放し難い、もったいない、何かの役に立つかもしれない、また着られるようになるかも……といった未練が芽生え、なかなか決心がつかないことが多いためです。

最初に整理しようと思ったときに、自分流のチェック項目をつくり、そのチェック項目にしたがって決めていくことです。決して迷ったりしないと、心に誓うことも必要。チェック項目がないと、着続けるか、やめるかの決め手がなく、いつまでも迷うことになってしまいます。

たとえばチェック項目としては、「過去三年で二回以上着た」「このデザインで来年もまだいける」「はっきりいってまだ元が取れていない」「まだ新品同様だ」「特別な思い出のある衣類だ」など。

このチェック項目に合わせ、ひとつずつチェックし、三つ以上チェックがついた衣類は着続けることにします。

チェック項目には、ほかに「買ってみたが似合わない」「着たときの評判がよくない」「着心地がよくない」といった項目を加えてみてもよいでしょう。

●衣類の数を減らせば、こんなにいいことずくめ

年三回の衣替えのうち一回は、衣類の総点検をして、持ち数を必要数だけにグ～ンと減らすと、取り出しやすく、しまいやすくなり、収納場所がスッキリします。洗濯や手入れも必要なモノだけですんでラクになり、時間も省けて、ゆとりさえ生まれます。

とにかく徹底的に、持ち数をかなり限定して整理をすれば、衣替えの必要がなくなる可能性もあります。つまり、クローゼットとチェストだけに収納場所を限り、「一挙公開」状態にすると衣替えはいらなくなるというわけです。

ここまでくれば、シンプル・マジックは大成功。ただし、収納場所がスッキリしたからと、新規購入に走ってはなんにもなりません。しばらくは、欲ともさよならしましょう。

4 不要になった衣類はフリマやリサイクルショップを利用

●悩みの種は三～四回しか着ていない衣類

歯磨きする感覚でおしゃれができれば、衣生活もスッキリとします。それはわかったけれど、歯磨きにとりかかれる状態にもっていくまでの整理がとてもできない、と誰もがいいます。

できない理由は、整理のあと、「いらないけれど、誰かに利用してほしいモノ」をどうしてよいか悩むため。友人は、

「新品同様のモノは、フリマ（フリーマーケット）やリサイクルショップでなんとかなる。高くはないけれど、ゼロではない価格で売れる。でも、問題なのは少し着たモノ。さんざん着たモノなら、あきらめもするが、ほんのちょっとしか着ていないのは、いきなり廃棄処分にはどうしてもできない」

つまり、三〜四回くらいしか着なかったモノに悩んでしまうようです。セーター、ジャケット、パンツ、スカート、ブラウス、Tシャツ、トレーナーなどといったモノです。

Tシャツやトレーナーは着続けたあと、細かく切って掃除に使えます。サッシのレールやトイレ、玄関といった場所には使い捨てにできて便利。それ以外の衣類は、細かくするわけにもいかないので、やっぱりフリーマーケットやリサイクルショップに試しに出してみるとよいでしょう。自分では、くたびれて着られないと思っているモノでも、案外欲しがる人もいるものです。

●リサイクルショップ利用や海外へ送る方法も

リサイクルショップは常設なので、店によっては扱うモノが決まっている場合もあります。よく扱うモノを聞いてみること、それに、売値や売れなかったときの扱いなど条件がいろいろあるので、それらも店の人と話し合うのが一番。

フリーマーケットは区や町会や民間ボランティアなどの主体があり、さまざまです。どのフリーマーケットにするかは、自分が決め、出店条件も聞いてみましょう。

ここまで重い腰を上げるまでに、すでに何年もかかるという人もいるでしょう。そうした人には、ボランティアで海外に衣類を届けているグループに送る方法もあります。ただし、輸送に料金がかかるので、その分は負担しなければなりません。

このように努力しても、売れなかった、利用してもらえなかった、取引を断られた、といった場合には、いさぎよく廃棄をすることです。それを持ち帰り、再び押し入れに入れることだけは避けます。ここの決心は、勇気と気持ちの切り替えで乗り切りましょう。

いうまでもないことですが、三～四回しか着てもらえなかった衣類こそ迷惑な話です。綿花、羊毛、石油など多くの天然資源が使われ、糸から布にされ、デザインされて衣類になったのに、たった三～四回で処分されてしまうなんて、羊毛や綿花に失礼だ、ということもしっかりと心に刻んでおきたいものです。

5

チェックリストで衝動買いを防ぐ。買うのは必要最小限に

●買いたい服は買う。でもその前に……

おしゃれを整理するには、衣替えのときだけではなく、ふだんからクローゼットやチェスト、タンスをチェックして整理することが大切です。ところが、おしゃれ心が高まる春や秋には、購入熱も高まり、シンプルにキープするのがむずかしくなりがちです。

しかも、衣類を脱ぎっぱなしにしたり、洗濯物を散らかしたり、クリーニングから取り忘れたり、しまい忘れたりしていると、着ていこうと思っていた衣類が紛失状態になり、それをいいことに、買うきっかけにするケースもあります。

チェックや整理、処分には手間も時間もかかり、面倒ではあっても楽しいことではありません。いっぽう、購入はショッピングが楽しめて、新しい衣類が手に入るの

で、ずっと気持ちが惹かれるものです。衣生活をスキッとしたいのに、処分や整理の手間や面倒はゴメンだという気持ちがどこかにあって、いっこうにおしゃれはシンプルになりにくいわけです。

それなら、新規購入を徹底してチェックすることを考えてはどうでしょう。おしゃれ心が強まるまま新規購入してしまうと、クローゼットやチェストの中身は増加の一途をたどり、衣類の紛失も多くなるばかりです。

購入熱が高まったら、まず、紛失していないか、どこかに置きっぱなしになっていないか、クリーニングで取り忘れていないか、しまい忘れていないかなどをチェックしましょう。

●購入のハードルは高く設定して

これらのどれにも当てはまらないときは、新規購入サインが点灯することになります。でも、まだ実際に購入する段階ではありません。購入に適した衣類があるかどうかをチェックしなければなりません。ここが購入熱が高まっても衝動買いしない、新規購入サインが点灯しても買いを待つ、シンプルのためのハードルとなります。

◎衣類購入のハードル

①自分の基本色か
私の基本色はホワイトとブルー
white と Blue のボーダーシャツ
whiteのパンツ
②デザインが自分の定番か
③自然素材か
うふ
セミタイトとTシャツが私の定番
④収納場所に不自由はないか
私の好きなTシャツは丸めてしまえるから場所とらなくてステキ

⑤手入れに
面倒はないか

せんたく機で
丸洗いOKなもの
が多いの

⑥金額的に
元が取れるか

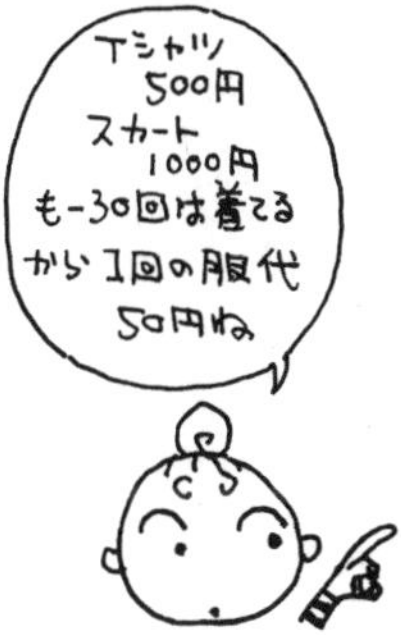
Tシャツ
500円
スカート
1000円
も－30回は着てる
から1回の服代
50円ね

⑦飽きないか

500円
1000円

いつものショップに気に入ったものはあるか、他のショップではどうかなど、二～三店見てチェックします。そこでお気に入りを見つけたら、次のチェックで本当に購入するかどうか決めます――。

●チェックポイント① 自分の基本色か
●チェックポイント② デザインが自分の定番か
●チェックポイント③ 素材はシンプルで自然に近いか
●チェックポイント④ 収納場所に不自由はないか
●チェックポイント⑤ 手入れに面倒はないか
●チェックポイント⑥ 金額的に元が取れるか
●チェックポイント⑦ 飽きずに着続けられるか

などをチェック。以上の項目のうち五つ以上に○がついたら、購入にゴーサイン。四つ以下だったら、買うのはあきらめましょう。

このように新規購入のチェックを行うと、買い物が慎重になり、すぐに買ったり、店員にすすめられたりおだてられて買ったりすることがなくなり、シンプルなおしゃれが可能になります。

6
ランジェリーの持ち数は一週間分＋αを目安に

●「消耗品」だから、つい買いすぎるランジェリー

ランジェリーも衣類と同じように流行があり、その変化はかなりめまぐるしいようです。

どんなに流行のモノでも、またどんなに高額なモノでも、ランジェリーはランジェリーでしかなく、いってみれば消耗品だと思います。

「イライラしたとき、一番買いやすいのがランジェリーよね。衣類ほど高くはないし、流行もまあまあ取り入れられるし。買い物したくなったら、ランジェリーにする

わね。消耗品という気持ちもあるから、捨てるときだって、それほど惜しいという気持ちもなく、ペットボトルと同じよね」

などと若い人たちは話します。それほど消耗品的な要素の強いランジェリーだから、持ち数もより多くなりがちです。

持ち数が多ければ、ひとつひとつのランジェリーの寿命は使用回数に比例するので、それだけ長く使えますが、やがてはくたびれて、最後は廃棄するわけです。最後に捨てられるのなら、消耗品といっても必要以上に持つのは考えものです。問題はもちろんスペース的なこと。とはいえ、「何か」あったときのために、新品を用意しておくという人もいるのではないでしょうか。

●ランジェリーも腐る!?

「本当に忙しいときは、ご飯食べる時間もないのよね。それで、洗濯なんかはもちろんできないから、ランジェリーはたくさん用意していた。腐るものではないと思ってね。あるとき実際に困って、用意しておいた新品を使ったわけよ。ところが、ウエストが伸びきっていて使えなかった。困ったわよ」

といっていた知人がいます。腐らないはずのランジェリーも腐ったというわけ。私も何かあったときのために、と新品はいつも用意していますが、それがいつ用意したかまでは定かではなく、同じ運命になる可能性も高いな、と思ったものです。

しかし、予備を持たないのでは、なおさら心配。それで、ランジェリーは一週間分＋αを持つことに決めました。このαは、年齢や生活の環境により人それぞれ。αを決めるには、汗をかきやすい、洗濯はまめにする、スペース的に余裕がある、サイズに変化がない、決まったデザインを使っている、などが当てはまるかどうかを見極めること。これらが当てはまるようなら、αは半週間分、スペースの項目以外当てはまらないようなら、αは一週間分くらいを目安にします。

しかし、ランジェリーのアイテムすべてを二週間分というのは、かなりのスペースをとりますので、アイテムを限ることも考えたほうがよいでしょう。

私のように、いつやって来るともかぎらない「何か」のためにスペースを使うのは、ばかばかしい限り。消耗品なのだから、必要な数だけを持てばよいと、はっきりと割り切ることです。

7 アクセサリーは一〇個で十分 おしゃれが楽しめる

●「取り出しやすく、しまいやすい」をまず基本に

「朝の忙しいとき、一分でも時間をムダにしたくない。そんなときに限って、アクセサリーの鎖がこんがらがって、なかなか解けないのよ。いくつもゴチャゴチャとしまっているせいなんだけど、イライラして引きちぎりたくなってしまった。結局、解けないから、別なアクセサリーにしたけど、きちんと整理しておくべきね」

みんな一度や二度はこのような経験があるのではないでしょうか。私は毎度のことなので、じつは、ネックレスをやめてしまったくらい。

アクセサリーで大切な基本とは、いうまでもなく、ひとつひとつをきちんと整理することです。身につけるものだから、アクセサリーボックスなど入れ物には気を遣っているとしても、入れ方のほうはどうでしょうか。結構ゴチャゴチャになっているケ

ースが多いようです。そのため、冒頭のようなイライラ状態を起こしてしまう……。朝からイライラはいただけません。

入れ物はなんでもよいけれど、これも取り出しやすく、しまいやすくしておくことが絶対条件です。どれだけたくさんアクセサリーを持っていても、「取り出しやすく、しまいやすい」を守れば、急いでいるときでもあわてて失敗することなどありません。

失敗すると、アクセサリーが壊れて使えなくなる、失う、忘れる、変色するといった結果になってしまいます。高価なモノでは、泣くに泣けません。

●数が少なければ、汚れのチェックも簡単

アクセサリーの基本のもうひとつは、持ち数です。お金に糸目をつけずどっさり持っている人は別ですが、ふつうは二〇個くらいでしょうか。これでも多すぎます。もっと選びに選んで、一〇個くらいにしてみては？　一〇個なら、たとえばひとつずつフィルムケースに入れておいても、そうそうスペースをとることもありません。

それに、一〇個ならそれこそ取り出しやすく、しまいやすくなります。しかも、汚

れてはいないか、輝きが失われていないかなど、アクセサリーの状態がよくわかって手入れもしっかりでき、いつもピカピカをつけていられます。

どんなにたくさんのアクセサリーを持っていたとしても、身体《からだ》はひとつ。すべてを一時に身体につけるわけにはいかないのですから、それなら、アクセサリーの数は少なめにしておいたほうが面倒もありません。

8 バッグ欲求症の私。三〇個から一五個への「減量」に成功

●バッグ大尽だった私

私はバッグ欲求症です。持っていく場所を細かく分け、それに合わせたバッグを持ちたいという気持ちにかられ、あまりに細かくしすぎてバッグ大尽になってしまったのです。三〇個は持っていたでしょうか。

いっぺんに全部を持つことなどできないことはわかっていても、バッグ売り場を見ると、何か変わった面白いモノはないかと選んでいる自分に気がつき、はっとします。

三〇個といえば一ヵ月分。毎日替えてもよさそうなのに、なぜか替えないのです。いつもだいたい同じバッグばかり持ち歩いている……。これでは三〇個の意味はまったくありません。

●バッグを整理するためのチェックポイント

よくよく調べてみると、使わなくなった、傷んでいる、カビている、色が変わった、汚れが落ちない、デザインに飽きた、みんなが持っているので嫌になった、といったことから、使用される予定がなく、そのまま収納されてしまったモノがほとんどだったのです。

バッグの持ちすぎは化粧品と同様に、スペースも、お金も、手間もムダです。やはり厳選してスッキリとすべき。

で、厳選するにあたって、いくつかチェックポイントを用意しました——。

◎バッグのチェックポイント

①デザインは実用＋おしゃれで
飽きがこない

simple

②軽い

ビニールって
革のより
かるーい

③手入れが簡単
④傷みが目立たない

柄物だと
しみとか
ごまかせていい
のよね

⑤使い勝手がよい
⑥持つ目的を細かく分けない

大きいから
なんでも
はいっちゃうし
黒だから
服あわせ
しやすいし
べーんり♡

⑦修理が可能

バッグ修理
うけたまわります

●チェックポイント①　デザインは実用＋おしゃれで飽きがこない
●チェックポイント②　軽い
●チェックポイント③　手入れが簡単
●チェックポイント④　使い続けても傷みが目立たない
●チェックポイント⑤　使い勝手がよい
●チェックポイント⑥　持つ目的を細かく分けない
●チェックポイント⑦　修理が可能

以上のチェックポイントにしたがって、バッグ欲求症の三〇個を半分にまで整理したのです。

整理をしていたら、それまでしまったまま忘れていたモノまで出てきました。久々に再会して、また新たな気分で使う気持ちになれたから不思議です。

半分を親戚や友人に引き取ってもらいましたが、引き取り手がないバッグはしぶしぶながら廃棄処分に。

9

靴は一週間分の五足にして、履きつぶしてから新品を買う

●下駄箱の収納量は三五足がふつう

靴はどれくらい持っていますか？

「うちのかみさん、どれだけ靴を持ったら気がすむのだろうか。ぼくはせいぜい五〜六足しかないのに、下駄箱中、かみさんの靴でいっぱい。それで、よく見ていると、履いてないのがどっさりあるんだよ。どうして、あんなに女は靴を持っているのかねえ〜」

身に覚えのある人も多いはず。調べによると、女性一人が持っている靴の数は平均で二五足だといいます。おしゃれな人ではこの倍は持っているかもしれません。

下駄箱の収納量は、ふつう三五足です。これだけでも、相当なもの。で、実際に、下駄箱の中を徹底整理したことがあるでしょうか？

長年同じ家に生活していると、下駄箱まではなかなか整理しないものです。かかとがすり減ってヒールがむきだしになっている靴、キズがついてしまっている靴、買ったのはいいけれど足が痛くて履けない靴、中には、カビが生えたり変色したモノまでが突っ込んであって、そのうえに、新しい靴を買い足します。

●履かない靴もしまっておく?

どっさり収納しているのに、履く靴はいつも決まって同じモノ、といったこともありがちです。

いつもの靴が傷んだので、かかとを取り替え、手入れをして履き続け、でも、靴が足の形に変形してくると、なんだか嫌になって新しい靴をつい買ってしまう。で、いままで履いていたモノは、変形させたまま下駄箱へ。こうしたことを繰り返しているうちに、「下駄箱中かみさんの靴だらけ」になるわけです。

もう履かないのなら、処分すればよさそうなものなのに、なぜか下駄箱に入れてしまう……。

モノとの決別ができないためです。まだ形のあるモノを、履かないという理由だけでは、処分できないでいるのです。

●靴大尽の陥りやすい罠《わな》

「同じデザインの靴を、黒と茶の二足買ったわけ。朝、あわてていたのでよく見ないで履いていったのよ。そしたら、外に出て気がついたんだけど、黒と茶を片足ずつ履いていたのね。びっくりしたわよ。茶色が濃くてあまりわからなかったから助かったけど、いや〜ね」とは友人の話。

私にも同じような経験はあります。

下駄箱がぎっしりなので、探す時間もなく、いいや、と履いていったら、色の違うモノを組み合わせていたということが……。

毎日履く靴はたいてい決まってくるものなので、それならいっそ、一週間分、五足にして履きつぶしてはどうでしょう。

五足なら手入れも簡単だし、下駄箱で間違うこともありません。忙しい朝の時間も短縮され、スッキリすることこのうえなし。

10

簡単ケアとすっぴんメイクで時間も空間もお金も節約！

●あなたの化粧品スペースはどのくらい？

「自分をより美しく見せたい」という願望があるから化粧をするわけですが、いかにも「塗っています」というのでは、見るほうが恥ずかしくなってしまいます。

基礎化粧から始まってメイクアップにいたるまで、かなりの化粧品を使わなければなりません。

女心、いや男心をもくすぐり、季節が変化するたびに新商品が登場。しかも、新商品登場の前には、必ずといっていいほど、サンプルが配られます。

サンプルも含めて少なくとも一〇品目はあるだろう化粧品を、みんなはどこに置いているのでしょう。タンスやテーブルの上？　それとも洗面所？　いずれにしても、化粧品を置くスペースをあふれさせずにスッキリ収納するのは大変なことです。とくにサンプルは小さくて、形もさまざまなので、あちこちに散らばってまとまりがつきません。

女も男も美しさへの欲求は強く、そのため新商品にも心惹かれ、いま使用中のモノがあるにもかかわらず、すぐに新しいモノへ手が出てしまいます。前のモノをすっかり使い終わらないうちに、新商品が置かれ、化粧品スペースはますますあふれてしまいます。

●美しくなるために化粧品を減らす

じつは、いまあげたようなことは私にもいえることでした。

あるとき、高級な化粧品や新商品を使ったところで、さして美しくなるわけではないことに気づいたのです。

すると、いろいろ使うのがムダに感じられました。スペース、お金、手間などはいったいなんのためだったのでしょうか。

友人でいつも肌のきれいな人がいます。どんな化粧品を使っているのか、聞いてみました。

「化粧水だけ、これ一本だけよ」と見せてくれたのは、確かに化粧水でした。「それに、よく眠ることね」

美しくなりたいという希望をかなえるのは、少なくとも化粧品だけではないということに、もっと早く気づくべきでした。いえ、いまからでも遅くはないはず、と、化粧品をそろえるのは最小限にして、すっぴんに近い化粧をすることに。スペースもお金も手間もすべてシンプルになりました。

なによりよかったのは、朝の時間が有効に使えるようになったこと。それまでは、化粧に少なくとも一五分くらいはかかっていたのが、すっぴんメイクに切り替えたら、ほんの五分ですむようになったのです。

スキンケアも化粧水、乳液、それに保湿、日焼け止め、下地の効果がすべて含まれたモノ一品を使うだけにしたので、スペースもゆったり。ゴチャゴチャしていたサンプルも旅行用に使い、スッキリ整理することができました。

11 手入れがきちんとできるのもおしゃれの大事な条件

●手入れができなければ衣類は早々処分の憂き目に

おしゃれは自己表現。表現の仕方も人それぞれ自由です。それでおしゃれは楽しいけれど、それだけではおしゃれとはいえません。おしゃれをシンプルにしてキープするには、歯磨きのように磨くテクニックも必要なのです。

そのテクニックとは、衣類の手入れです。テクニックをしっかり習得していれば、衣類のケアがスムーズにでき、長持ちさせられて、いつも素敵な自己表現ができるというものです。

手入れのテクニックを身につけていないと、自己表現のおしゃれはできても、たった一回しか着られなかったり、汚れがついたまま着たり、すぐにクタクタになって着られなくなるといったことにもなりかねません。それではせっかく新規購入しても、すぐに処分しなければならなくなり、経済的にも、資源的にも、気持ち的にも上手な生活整理術とはいえません。

●買うときに素材と絵表示をチェック

おしゃれをシンプルにするための基本は、買うときにすでに始まっています。買うとき、素材のチェックを必ずします。

いま素材は大きく分けると、綿や毛などの天然繊維、レーヨンやアセテートなどの半合成繊維、ポリエステルやナイロンなどの合成繊維の三種類しかありません。天然繊維は自然からつくられた素材、半合成繊維は天然と合成と半分ずつでつくられた素材、そして合成繊維はすべて合成でつくられた素材です。

天然素材は自然から得られるので、とれた土地やその気候条件などがあり、手入れはややむずかしくなります。最も簡単なものは合成素材。むずかしかったり、簡単だったりするのが半合成素材です。

素材のチェックをしておけば、手入れに手間や時間がかかるかどうか判断できます。ここを見落とすと、いざ手入れするときになって、しまった！　と後悔することにもなりかねません。

もうひとつ必要なチェックが、表示です。衣類の手入れ法や扱い方が書かれてあるもので、ふつうには絵で表されているので、絵表示と呼ばれています。

絵表示はいろいろ種類があります。外国にも同じような絵表示があるので、海外で購入するときも、見落とさないようにしましょう。うっかり見落として、いきなり洗濯機で洗って色が落ちたり、縮んだりすることがあります。こうなると、いっぺんで着られなくなります。

12

洗濯やクリーニングの面倒な衣類は買わない、着ない

●レーヨン、アセテートなどはパスしたほうが賢明

シンプルな衣生活のためには、洗濯やクリーニングが簡単にすむデザインや素材の

衣類を選ぶことです。

具体的には、さっと洗濯できて縮まない、ふつうに干しても形くずれしない、シミをつけてもすぐに落とせばきれいに取れる、といった素材やデザインの衣類です。どんなに素敵でも、高価で、よい品であっても、また自分に似合っても、洗濯やクリーニングのむずかしそうなものはパスしたほうが賢明です。

たとえば、洗うと収縮しやすいのがレーヨン、伸びやすいのがアセテート、シミをつけると落としづらいのがシルクやベルベット、クリーニングでよく断られるのが塩化ビニールコーティング加工の衣類などです。

人間は怠惰な生き物です。洗濯やクリーニングの面倒なモノは、仕事が忙しいだの、急ぎの用事があるだのと、自分の中でいろいろな口実を見つけては後回しにしがち。そのうち、ようやく洗濯をし、クリーニングに出しても、時すでに遅しで、汚れが落ちなくて着られなくなっていたりすることも。

まめな女性であっても、その衣類が寿命を迎えるまで、わずらわしさがついてまわることは同じです。あと始末に手がかかると予想できる衣類は、最初から買わないのが、「衣生活」の条件です。

13 脱いだらすぐにブラシがけを。衣類の寿命がグーンとのびる

●手入れをすることで衣類の数も増えずにすむ

衣生活をさっぱりとさせるには、衣類の数を少なくすることはもちろんですが、それらの手入れにもシンプルを心がけなければなりません。

その考え方として、すでに書きましたが、私は歯を磨くようにと思っています。歯を衣類だとすると、歯を磨いていなければ、汚れが取れなくなり、土台が傷みますが、磨きすぎても歯は減ってしまいます。減ったり、傷んだりしても歯は取り替えられませんが、衣類なら取り替えがきくので、新しい衣類を次々に買い、クローゼットやタンスに押し込んでギュウギュウにし、あげくの果て、たまりにたまった衣類の行き場に困ることになるわけです。

衣類の持ち数もそうですが、手入れ法もシンプルならば、一枚ずつの手入れが行き

届いて、汚れの落ち具合もわかるようになり、寿命の判断もつけられるようになります。第一、手入れ法がシンプルだと、時間も手間もかかりません。

●衣類を傷める一番の原因がホコリ

シンプルな手入れとは、歯を磨くのと同じで、洋服ブラシ一本ですむ手入れです。

衣類につく汚れには、ホコリ、汗汚れ、皮脂汚れ、シミなどがあり、これらすべての汚れを洋服ブラシ一本で落とせるということではありません。が、衣類にもっとも多く付着しているのはホコリで、まずはこのホコリをブラシで落としておくと、ほかの手入れも簡単。つまり、手入れの基本は洋服ブラシなのです。

洋服ブラシ一本だけならシンプルなことこのうえなし。洋服ブラシには三種類あります。ブラシの種類ということで、豚毛、ほうき草やとうもろこしの繊維、化学繊維でできたものの三種類。いずれを選ぶかは、使いやすい、長持ちする、ホコリがよく落とせるといったチェックが必要です。

私が、実際にいろいろ試してみた限りでよかったのは豚毛と、ほうき草やとうもろこしの繊維でした。

●まずたたいてから、からみ取る要領で

洋服ブラシを使うのは、冬ものの繊維が長いものだけと思っている人が多いことでしょう。けれど、衣類に使用されているあらゆる繊維に、毛足がありますので、夏ものにも使用することをおすすめします。

衣類の毛足についているホコリをブラシの毛足でからみ取るように落とすのが、ブラシ使いの基本です。

まず最初に、ブラシで衣類をたたきます。これは毛足の中に入り込んでいるホコリを表面に浮き上がらせるため。次に、浮き上がったホコリを払い落とすように、衣類の下からと上から毛先で払っていきます。

たったこれだけの手入れでホコリが落とせ、衣類がきれいになるのですから、これほど簡単な手入れはありません。時間もほんの五分もあればできるはず。

そうはわかっていても、なかなかできないという人も多いことでしょう。けれど、クリーニングに出したり受け取ったりといった手間を思えば、ブラシがけはいたってシンプル。だまされたと思って、やってみてください。案外手間いらずで、これならあなたにもできることがわかるでしょう。

この手入れは日々のことなので、シーズンの終わりにクリーニングや手洗いを行うよりも衣類の寿命は長くなります。

14

脱いだら即、手入れを。このひと手間が衣類を長持ちさせる

●放置した汗ジミはクリーニングでも落とせない

「夏のパンツスーツの上着なんだけど、夏の終わりにクリーニング店に出したのを受け取って、ビニール袋を外して風を通し、再び袋をかぶせて、タンスにしまっておいたの。今年、初夏に着ようと出してみたら、なんと衿《えり》、袖口、ポケットまわりの色が変わっていたのよ。どうしようかと、クリーニング店に相談に行ったのね。そしたら、もうどうしようもない、って。まだ一年しか着ていないのよ。モノが悪いのかしらって聞いたら、そんなことはない、うちのクリーニング法も間違っていないって。

じゃあ、どうしてなの？」

こんな「事故」に遭遇した経験のある人は意外に多いようです。原因は、クリーニングに出す前にすでに衣類についていた汚れ。主に汗ジミで、これはクリーニングではなかなか落としにくく、あらかじめ落としておかなかったための失敗です。残念ながら、すでに色が変わってしまったものを元に戻すことはまず不可能といっていいでしょう。

●「手入れを怠れば衣類が増える」ワケとは？

スーツの上着がこのようになってしまえば、パンツを残して処分するしかありません。といって、残ったパンツもそうそうはくチャンスはなく、かくして新しい服をまた買うことになります。残ったパンツはほとんど新しいままでタンスに眠ることに。こうして、衣類は徐々に増え続け、タンス、クローゼット、押し入れにいたるまで満杯状態となるわけです。

この最悪の状態になれば、いつも衣類を探していなければならず、しまったのはよいけれど取り出すのにひと苦労。取り出してみたらシワシワでアイロンをかけなければばならない、うっかりするとカビも生えているなどといったことになります。せっかくの衣類にちょっとの手入れの手間を惜しがったばかりに、このような結果になってしまうのです。

これはクリーニングに出す衣類に限りません。Tシャツやジーンズのパンツでも、洗濯できるブラウスやスカートにもいえることなのです。

衣類に汚れがつくのは当たり前。その汚れをちょっと落としておく手間を面倒に思ったために、いつでも衣類はダメになるきっかけを持っています。ダメにするか、しないかは、あなたの心がけしだいです。

●汚れ落としに活躍するベンジン、水、石鹼《せっけん》液

ほんの少し手入れをしておくだけで、それは防げます。汗汚れなら、水で絞ったタオルでたたいておきます。皮脂汚れはベンジンを含ませたタオルでこすり、しょうゆやケチャップがついてシミになったら、水や中性洗剤液を含ませた布でたたいておきます。衿や袖口についた汗と皮脂が一緒になった汚れなら、歯ブラシに石鹼液を含ませてたたきましょう。

このようなほんのちょっとした手入れをするか、しないかで、衣類のきれいさが違い、一定の衣類持ち数で暮らせます。これも生活整理です。

そのためのひと手間なら、惜しむべきではありません。わずか五分もあれば、いずれの手入れもできるのですから。

15 Tシャツ一枚でも傷めない洗濯法を工夫する

●Tシャツを大事にできずにシンプルはなし

妹と私がある方からまったく同じTシャツをいただいたことがあります。半年ほどたった頃、道で偶然出会ったら、二人ともそのTシャツを着ていました。ところが、妹のTシャツは色はあせているし、首まわりもヨレヨレ、全体に毛羽《けば》立っているのです。原因は、聞くまでもなく妹の洗濯のしすぎです。洗濯の仕方で、衣類の寿命はずいぶん違ってくるものなのです。

もし、このTシャツ一枚しか持っていないとしたら、あなたはどのように洗濯をしますか？　いまは、一年も着て傷んだら、安いTシャツをすぐに買うでしょう。でも、万一、買うことができないとしたら、長持ちさせる着方や洗濯の仕方を真剣に考えるにちがいありません。

もしそれができないのなら、たんにズボラなのか、面倒なのか、お金ですませればよいというのか、それとも、そんなことは生き死にに関係ないというのか……。このへんの意識に衣生活がシンプルにならない根幹がありそうです。

●つけおき洗いこそ、生地を傷めない究極の洗濯法

いろいろ考えて生きているように見える妹もそうです。たった一枚のTシャツだけれど、洗濯機でガラガラ洗っているのですから。最近の洗濯機は改良され汚れを落とす力も強くなったけど、その分、繊維を傷める傾向もあるようです。

毎日一回はする洗濯、どうせしなければならない洗濯なら、手間も時間もかけずにさっさとすませたいものです。それにはつけおき洗いが一番。洗濯機に水をはって洗

剤を溶かし、その中に洗濯物をつけておくだけで、洗剤に配合されている酵素が繊維の奥まで浸透して汚れを引っ張り出してくれます。このありがたい力を利用しない法はありません。

ただし、洗剤をたっぷり使っても、効果にほとんど変化はありません。汚れに働くのは定量の成分。多すぎるとかえって衣類に付着して残留し、すすぎも多く必要になって、水のムダ使いに。

つけおきをしたあとは、洗濯機を動かします。すでに汚れは引っ張り出されているので、時間にして三〜五分ほど。時間設定のできない洗濯機の場合では、手洗い水流、ドライ水流などに設定して短い時間ですませます。ときにはいきなりすすぎのコースに入ってもかまいません。

衣類は着用のはげしさや洗濯のしすぎによって傷むので、大切に着たいモノは機械の力がかかるのをできるだけ少なくすることで、一枚のTシャツを長持ちさせ、タンスを軽くしてスッキリとした衣生活を目指します。

Part 3

片づけ・掃除はスピーディに手を抜く

1

掃除は住まいにとっての「ご飯」。快適な生活に不可欠

●快適のあとを汚れが追いかけてくる

人が生活すれば、住まいは必ず汚れます。そこに住む人が動くことによって、しだいに汚れてくるのです。

たとえば、フトンを敷いて寝て上げる、衣類を脱ぎ着して収納保管する、料理をつくって食べて片づける、食器を洗ってしまう、くつろぐためにソファに腰をおろし立つ……。そのたびに、ホコリもたち、汚れていくわけです。

「新しい家に引っ越してからは、汚れには気を遣っていたのよ。なのに、三ヵ月もするともう汚れがたまっているの。本当に快適に住もうとしたら、結構大変なことよね。汚れって所かまわずつくから。汚れを手早く取って、スッキリ暮らす知恵があったら教えてほしいわ」

これは誰もが望むことですが、汚れはそれを許してはくれません。快適さと汚れとは、いつも連れ立っているからです。快適さは汚れを落としたすぐあとにやって来るけれど、長続きはしません。すぐに汚れが追いかけてくるから。

●掃除を「小」「中」「大」に分けてする

この二人三脚を、うまく、手早く、シンプルに動かすのが、掃除です。掃除は二人三脚になくてはならない存在。そして、快適に住むためには、汚れを落とす掃除テクニックが必要なのです。

ところで、掃除はたいていの人が嫌います。面倒だ、時間がかかる、掃除をしても片づかない、掃除の時間がない、楽しくない、手間がかかる、効果がないなど、理由はさまざまでしょう。が、そのいっぽうで、やっぱり住まいは快適なほうがよいとも思っていることはたしかです。

それなら、身体《からだ》にご飯が必要なように、住まいにも掃除が必要だ、と考えてはどうでしょう。身体を維持させるために、身体にとってご飯がいるのは、誰でも理解できます。それと同じに、住まいを維持するには、掃除が必要なのです。

掃除をご飯と同様に考えたら、嫌だ、面倒だ、やりたくないなどといっていられません。なぜなら、住まいがご飯を必要としているのですから。

ご飯だから、毎日欠かさずしたほうがよいわけです。ためてからやろうとするから、大変になって、やりたくなくなるのです。

毎日のご飯は小盛り、数ヵ月のご飯は中盛り、一年のご飯は大盛りで食べさせると、住まいは寿命が長くなり、いつまでもきれいなままでいてくれるはずです。つまり、小掃除・中掃除・大掃除の三つに分ける仕方の提案というわけです。

2

チラシ、カタログ、サンプルは家に持ち込まない

●モノが多いと、掃除の前の片づけが面倒

生活の中でもっとも手を抜きたいのは何かとの問いに、ほとんどの人が家事をあげ

ます。なかでも筆頭は、部屋、浴室、トイレなどの掃除、ゴミ出しなどのあと片づけの家事です。理由はたいていが、整理整頓ができないとか、掃除をしても片づかないからだといいます。

まわりの人たちに聞いてみても、掃除を好きという人はいません。掃除だけならラクだけれど、その前に散らかっている部屋を片づけなければならないのが、おっくうだともいいます。つまり、掃除そのものよりも、モノを片づけるのが嫌なのです。

どこの家のリビングにもある「定番」といえば、テーブル、ソファ、テレビ、サイドボード、パソコン、オーディオセットなどです。これだけなら、掃除の前に困ることはありません。けれど、生活にはそこから先があります。

新聞、雑誌、食品、カタログ、チラシ、郵便物、衣類、玩具など、日々たくさんのモノが入り込んできます。毎日、毎日、これらが散らかり、それを片づけてから掃除をするとなると、嫌にならないほうがどうかしています。

●家へ持ち込むモノは最小限に、を心がけて

ある友人の家はいつ行っても、テーブルの上に新聞や雑誌、チラシ、文庫本や郵便

物、おまけに食べ残しのお皿までが散乱しています。

子供は大学生二人だから聞き分けられない年齢ではないけれど、そこの家はとにかくモノが多いし、子供たちは出したモノを片づけないで置きっぱなしにします。ご飯を食べるときは、テーブルに散らかっているモノを少し横に押しやっては、スペースをつくって食べているのです。掃除嫌いの彼女がいうには、

「このままでも、何がどこにあるかがわかっているの。片づけたら途端にわからなくなるから、このままでいいのよ」

本当にそうなのか、と不思議でしたが、本人がいうのですからそうなのでしょう。ところが、あるとき行ってみると、あの散乱状態はどこへやら、すっかりきれいに片づけられて、掃除も行き届いているではありませんか。じつは、彼女も本当はきれいにしたかったというわけです。

それはともかく、家事の手を抜きたいと思ったら、とにかく家に持ち込むモノを最小限にすることです。

チラシ、カタログ、サンプルといった欲しくもないのに入り込むモノから、新聞、雑誌、文庫本、ステーショナリーなど好んで持ち込むモノ、衣類、パソコン、CD、

ビデオテープなど欲しくて持ち込むモノ、あるいは、食品、洗剤、紙類などといった必要で持ち込むモノなどさまざまなモノがあります。

これらをすべて持ち込んでいたのでは、家中がモノであふれ、身の置き場がなくなります。

家事をスムーズに運ぶには、持ち込むモノに対して無意識ではダメ。持ち込んでもよいかどうか、意識して持ち込む前に決めることです。欲しくもないのに入り込むチラシやカタログ、サンプルなどには手を出さなければよいのです。こうしたモノはいずれゴミとなります。

掃除の前に片づけるのは、たいていがこうしたモノ。送り主の会社に断りを申し入れ、会社に始末してもらうほうがラクです。

新聞や雑誌にしても同じです。電車の中で読んだ新聞は駅で始末すれば、家まで持ち込まなくてすみます。どうしても必要な記事は、その部分だけ切り取ってきて、資料にすればいいのです。

3 毎日の「小掃除」も「小片づけ」の習慣を身につければ、超簡単！

●汚れは小さなうちに落とせば簡単

汚れの量＝家族数×モノの数×モノの使用回数です。それなら、掃除をシンプルにするのは簡単。

掛け算の数字を小さくすればよいのです。家族数が一人なら汚れ単位も小さくなり、住まいもそうは汚れません。

もちろん、掃除にとっては邪魔な存在の飾り物やマガジンラック、本、雑誌などのモノも少なくすれば、汚れの量も少なくなるはず。モノの使用回数もぐんと減らせば、モノにたまる汚れも減ります。

しかし、これらは現実には大変だとか、不可能だとかいわれるかもしれません。そこで、家族数、モノの数、モノの使用回数はそのままにして、掃除をシンプルにするにはどうしたらよいのでしょうか――。

それは、汚れが小さいうちに行えばよいのです。汚れの小さいうち、とは、ついたらすぐ、使ったらすぐに、ということです。汚れが小さければ、掃除も小さくてすむのです。

これこそもっともシンプルな掃除。吸う、掃く、拭く、こするといった掃除だけですみます。掃除に使う道具も少なければ、労力も最小限。汚れが小さいから、洗剤なども必要ありません。ということは、出費も少なくてすみます。これが先ほど述べた小掃除なのです。

●「出したら、しまう」が小片づけ

この小掃除が、住まいにとっての小盛りのご飯。私たちも顔を洗い、歯を磨《みが》き、手を洗い、そしてご飯を食べます。

それらと同じように、掃除というご飯を食べさせることを身につけてしまえば、重い腰を上げるなんて感覚もなくなります。

小掃除をするときにはたいてい、まず部屋を片づけることから始まりますが、部屋が散らかるのは、読み捨ての新聞や雑誌、チラシ、郵便物、あるいは、食べかけのお菓子や飲みかけのジュース、お茶などがそのままになっているためで、これが問題なのです。

そこで大切になるのが、「小片づけ」です。小片づけとは、「出したら、しまう」ということです。

資源となる新聞や雑誌、チラシは、資源ゴミをしまう場所を決めておいて、読み終わったら、すぐにそこへしまいます。食べかけのお菓子はお菓子入れに戻して、飲みかけのジュースなども捨てます。これがなかなかできない、という人も多いけれど、元あった場所に戻すだけ、不要なモノは捨てるだけのことですから、むずかしくもなければ、手間もかかりません。

小片づけをしておけば、いきなり小掃除ができます。そして、この小掃除はちょっと掃除機をかけて、ちょっと雑巾がけをして、ちょっと汚れをこすれば終わり。一日の掃除がこれだけなら、あっという間にすませられます。

4 家の汚れの三種類。ホコリ、油汚れ、そして水アカ汚れ

●ホコリの正体は繊維毛羽《けば》

先に、掃除は家のご飯のようなものといいましたが、それにしても、家の汚れはいったいどのようにたまっていくのでしょう。

汚れの正体は三種類に分けられます。ホコリ、油汚れ、水アカ汚れです。中でももっとも多いのが、ホコリ。家中どこにでもたまるホコリはどこからやって来るかといえば、繊維からです。フトンや毛布、シーツ、衣類、タオルなど、家の中には、いたるところに繊維製品があります。繊維は目に見えないほどの微小な「繊維毛羽」が集まってできていて、こすれると繊維毛羽はちぎれて落ちます。これがホコリの正体というわけです。

私たちは衣類を脱ぎ着しますし、お風呂から出たらタオルで身体を拭きます。フト

ンをはいだり掛けたり、ソファやカーペットにも座ります。そのたびに、繊維毛羽がこすれて落ち、それが人の動きについてまわり、空中に舞い上がります。そして、人の動きが止まると、上から下へふわりと降りて床にたまるわけです。ちなみに、これらのホコリが綿状になったのが、綿ボコリ。

というわけで、家族数が多ければホコリも多くなり、使っているフトンやタオル、ソファなどの数、そしてそれらの使用回数が多くなるほど、ホコリもたまりやすくなります。

●油汚れの原因は調理に使う油と手足の脂

油汚れは、主にキッチンに多く、調理で使う油がその元です。それにもうひとつ、身体から出る皮脂もあります。

油は調理することで、飛び散ります。約二メートルも飛ぶといわれるので、キッチンのガスレンジを中心にすると、周囲二メートルの範囲は汚れることになります。しかし、油は飛び散るだけではなく、蒸気に混じって「移動」します。そのためキッチンのそばの部屋まで油っぽく汚れてしまうのです。

飛び散ったり、蒸気と一緒に運ばれた油は、最初は液体ですが、空気にふれるとしだいにネバネバしてきて、最後は固まります。そのまま長く放置していると、手におえないほど固くなって、ちょっとやそっとのことでは落ちなくなります。

ガスレンジを使って一日三回料理をつくり、また、お湯も何回か沸かします。家族が多ければ料理の量も多く、油を使う機会も増えて、その分、汚れもひどくなるわけです。

油汚れの元はもうひとつ、皮脂だといいました。皮脂は皮膚の皮脂腺から分泌される脂で、手足などからも当然出ています。スイッチやドアノブ、テーブル、ソファなどに手をふれるたびに皮脂が付着し、床やカーペットの上を素足で歩けば、足の皮脂で汚れます。

皮脂による油汚れもやはり、家族数が増えれば、それだけひどくなります。

●水まわりには白と茶の水アカが

三つめの水アカ汚れは、水まわりに発生。茶色の水アカと白い水アカがあり、茶色い水アカは水がいつも流れているところにあり、これはこするだけであっという間に落ちます。白い水アカは水の成分がこびりついて固まったもので、水道の蛇口や流しまわり、調理台などにこびりついてかなりやっかいです。

この水アカ汚れも家族が水をどれだけ使用したかでつき方が違ってきます。水使用が少なければ、当然汚れも少なくてすみます。

5 毎日の「小掃除」はひと掃き、ひと拭き、ひとこすり

●一時間以内で終わる小掃除

毎日掃除を、といっても「小掃除」です。

さっとひと掃き、ひと拭き、ひとこすりで終わるような簡単なものばかり。掃除に手間がかかるのは、ホコリでも油汚れでも水アカでも、ためるからです。ためればためるほど落ちにくくなるのが汚れ。汚れがたまる前に毎日ひと掃き、ひと拭き、ひと

こすりしていれば簡単にすませられます。

小掃除ならどんなに時間がかかっても一時間以内。そのくらいの時間はよほどのことがないかぎりとれるはず。では、このラクチン小掃除の内容とは？ リスト風にあげてみましょう——。

☆流し台のシンクを「スポンジ＋石鹸《せっけん》」で

スポンジに石鹸をつけて、キッチンのシンクの中をぐるりとひとこすり。水か湯を流して石鹸分をのぞいたら終わりです。

☆ガスレンジ、五徳《ごとく》、受け皿、壁は台ぶきんで

調理が終わったあと、ガスレンジと五徳、受け皿、壁を水で絞った台ぶきんでさっとひと拭きしておきます。

☆洗面台のシンクは「水アカ取り雑巾」でひと拭き

洗面台のシンクは「水アカ取り雑巾」でさっとひと拭き。洗面台や鏡は乾いたタオルで水気を拭き取り、磨きます。

☆トイレの便器をブラシでさっとこする

トイレ用ブラシで便器の中をひとこすり。手洗い部分は金属タワシでさっとこすっておきます。

床は、水でほんの少し湿らせたトイレットペーパーでホコリを拭きます。

☆浴室の床は出る前に石鹸カスをひとこすり

お風呂からあがる前に「水アカ取り雑巾」で、床をさっとひとこすりして石鹸カスを落とします。

壁と床との境目はとくに石鹸カスがたまりやすいので、ていねいにこすります。あとは湯を流すだけ。蛇口は乾いた雑巾でひと拭きしておきます。

☆寝室はフトンの上にも掃除機をかけて

家の中でもっともホコリがたちやすいのが寝室。ダニの「発生源」にもなりますので、必ず毎日掃除機をかけることです。フトンやベッドにも掃除機をかけます。ダニ防止のフトンやベッドでもダニはつきますので同様に。

☆テーブルは使うたびにさっとひと拭き

三度の食事のあとはもちろん、それ以外でも何かを食べたり飲んだりしたあとはすぐに、水で絞った台ぶきんでテーブルを拭いておきます。

☆床はペーパーモップでスイスイ

フローリングの床はペーパーモップでさっとひと拭き。水はねや油はねで汚れるキッチンの床は、水で絞った雑巾でひと拭きします。カーペットは掃除機をかけてホコリを吸い取ります。

☆ゴミを捨てたあとは、エタノールで容器を清潔に

生ゴミを入れるポリ容器などは、ゴミの日に出したらすぐに水か湯で中をさっと洗い流してよく乾燥させます。このあと、消毒用のエタノールを吹きつけておきます。

ガスレンンジ・壁
調理のあと ガスレンジだけでなく カベもフキンで さっと ひとふきね
流し台のシンク
スポンジに せっけんつけて ぐるりと ひとこすり、そのあと 水かお湯で流す

◎簡単にすませられる小掃除(2)

◎簡単にすませられる小掃除(3)

フトン
フトン
浴室の床
とくに カベと 床との境目は 水アカがたまり やすいので ていねいにする
テーブル
食べたり飲んだりしたあと ぬれ台ふきで ひとふき

◎簡単にすませられる小掃除(4)

こうしておくと、悪臭が防げてゴキブリも寄りつきません。ビン、缶などの容器についても、資源ゴミとして出したあとは同様の処理を。

6 季節の汚れを落とす「中掃除」。道具と洗剤の使いこなしを

●季節ごとの汚れ落としを考える

ひと掃き、ひと拭き、ひとこすり、ひと吸いの小掃除は毎日の暮らしを快適にする家事ですが、季節によってはそれではすまない汚れがあります。

エアコン、暖房器具、窓ガラス、網戸、カーテン、籐マット、扇風機など、あるいは、浴室、トイレ、洗面所、流し台の下、食器戸棚、下駄箱などといった場所です。

季節で使用する器具や機械は使用する季節に汚れるからで、場所によっては、梅雨どきに付着した汚れにカビが生えたり、冬に結露《けつろ》が発生したりします。

こういった汚れを落とすには、毎日の小掃除ではムリです。特別な汚れ落としが必要となり、それが季節の中掃除。「中」というくらいですから、「小」よりは汚れもやや大きくなります。

●掃除の場所にあわせて道具を選ぶ

汚れもいつものホコリ中心ではなく、これに排気ガスなどの油汚れや、水アカの汚れが一緒になっています。ひと掃き、ひと拭き、ひとこすり、ひと吸いでは落とすことができないのは当然で、道具と洗剤が必要になります。

とはいっても、大げさな道具や洗剤ではありません。掃除機にスポンジ、タワシ、ブラシ、古布、台ぶきんなどで間に合います。洗剤も台所用の中性洗剤とクレンザーで十分。

ブラシをはじめ道具類は汚れを落とす力を高めてくれますが、あまり強力なものでは、表面を傷めてしまうこともあります。材質にあわせて道具を選ぶことも必要です。

たとえば、スポンジは柔らかいので、弱い材質のものに使います。次に硬いのがブラシですが、これは種類によって硬さもさまざまです。ブラシよりも硬いのがタワシ。中でも強力なのが金属タワシやスチールウールタワシです。

けれど、金属タワシやスチールウールタワシでも、力を入れずにそっとこすれば、弱い材質のものにでも傷つけずにすみます。しかも、どんなにひどい汚れでもほとんど落とせますから、とっても便利。

●中性洗剤、アルカリ性洗剤、クレンザー

洗剤については、台所用の中性洗剤は洗浄力は弱いけれど、どんな汚れに対しても使えるのがよいところ。それにたとえば、食酢を混ぜれば酸性洗剤になり、胃腸薬の炭酸水素ナトリウム（重曹・薬局で売っています）を混ぜるとアルカリ性洗剤がつくれます。台所用の中性洗剤はこのように便利に使えて、中掃除にはこれ一本でほとんどすませられるほど。

もし、中性洗剤では落とせないようなら、クレンザーを使います。クレンザーは研磨材で、この研磨材が汚れを引っかいて落としてくれます。研磨材の粒子が細かいクレンザーなら、どんな材質にも使えるので、ぜひ用意して。

中掃除は道具と洗剤を使用して汚れを落とす掃除。使用した季節に付着した汚れは、その季節が終わりしだい、きちんと落としておきましょう。そうすれば、来年も気持ちよく使えます。

7 石鹼一個で中掃除。こびりついた油汚れもきれいに落ちて

●油汚れはアルカリ剤で落ちる

「汚れはためてしまうと、大変になるのね。私は掃除が嫌いで、ずっと目をつむっていたけれど、もう無視できないほどたまってしまって、いよいよとりかかったわよ。だけど落ちない。一番嫌なのは油汚れね。とうとう専門家を呼んで落としてもらったの。その専門家が使っていたのが、アルカリ剤だって」

不精で知られる親戚の者の話です。専門家がアルカリ剤を使ったのは、キッチンの

油汚れが落ちなかったときだったそうです。

キッチンは毎日小掃除をしていても、油は見えないところまで飛んでいます。その飛び散った油汚れは、小掃除で見落としていることも多く、知らず知らずのうちにたまって、中掃除で発見することもあります。

そんなときには、アルカリ剤を使うとよく落ちます。アルカリ剤といっても、専門家が使用するものではありません。石鹸です。

●キッチンまわりは石鹸、クレンザーで十分

石鹸は弱いアルカリ剤で、油汚れを落とすのに強い効果を発揮します。石鹸一個あれば、キッチンまわりの中掃除はほとんど問題ありません。

とくに、ガスレンジやレンジまわりの壁、床、換気扇の網などの油汚れには最適。ガスレンジにはスポンジやブラシ、タワシなど、油汚れの度合いによって使い分けます。これに水をつけて、石鹸をこすりつけ、そのままガスレンジなどをこすりましょう。アルカリ剤が油汚れに働いて汚れが落ちていきます。

これでも落ちない頑固な油汚れには、さらにこれにクレンザーを加えてこすりま

す。細かい粒子のクレンザーを使えば、レンジの表面を傷める心配もありません。

あとは、お湯や水でゆるく絞った雑巾で汚れとアルカリ剤を拭き取っておしまい。

同じ方法で、換気扇の網、レンジまわりの壁、床の油汚れも落とせます。石鹸をつけてこするだけのいたってシンプルな方法です。

8 トイレの茶色い汚れは「中掃除」。「酢＋水」でピッカピカ

●便器表面の凹部分に汚れがたまる

トイレもキッチンと同じで、毎日小掃除をしていても少しずつ茶色く汚れてきます。これは、茶色い水アカ汚れのせい。トイレの便器の表面はツルツルしているように見えますが、じつは凸凹だらけで、この凹の部分に入り込んだ汚れは、ブラシでこすったくらいでは落ちません。これがたまると、茶色の水アカになるわけです。中掃

除できれいに落としておきましょう。

トイレの茶色の水アカにはアンモニアが含まれています。これを落とす洗剤は、わざわざ買わなくても簡単につくれますから、ぜひ試してみて。

●食酢の代わりに酢酸を使えばさらにお得

用意するのは、食酢、水、エッセンシャルミントオイル（酢のにおいを消すためで、酢のにおいが気にならないなら不要）、ペットボトルなどの容器。

容器に酢二、水八の割合で入れて、ミントオイルをほんの数滴加えて出来上がり。

茶色くなっている部分に向けて、この洗剤をふりかけ、一〇分ほどたってから、ブラシでこすります。ふだん掃除の行き届かない縁の汚れもしっかりこすって。

最後に水洗の水を流したら、便器は真っ白！　つくりおきはしないで、一回で使いきるようにしましょう。ちなみに一回分は二〇〇ミリリットルほど。

私は食酢ではもったいないので、薬局で酢酸を買ってつくっています。酢酸なら、ぐんと安上がりです。

なお、レバーなどの金属部分は、湿らせた布に粉末クレンザーをつけてこすります。手洗いの部分も粉末クレンザーで。床は水で絞った雑巾で拭いたあと、消毒用エタノールを含ませた布で拭いて殺菌しておきます。

中掃除では洗剤を使うことが多いけれど、台所用の中性洗剤か石鹸でほとんど間に合います。あとはトイレ用洗剤かクレンザーくらいがあればよく、中掃除もごくシンプルにできるのです。

9 季節ごとの「中掃除」で家の隅々まできれいに

●中掃除の勘どころ

ほかにも、毎日の小掃除では手がまわらないところを中掃除で徹底的に磨きましょう。ここでは、中掃除の主な場所とそれぞれの掃除法をあげてみます――。

☆玄関の床は使い捨ての布で水拭き

玄関の中掃除では、古いTシャツなどを切った布が重宝します。適当な大きさに切って水で固く絞り、玄関の床を拭き、布は汚れたら捨てます。プラスチック製の床ならこれできれいになります。

汚れを吸着しやすい大理石など天然素材の床では、ほうきでホコリや泥を掃いてから、拭き掃除に移ること。

あとはドアを開け放ち、風をよく通して乾燥させます。

なお、大理石についた油汚れはクレンザーで落ちることもあります。粒子の細かいクレンザーを少量ずつふりかけてはこすること。一気に落とそうとすると、傷つけてしまうので要注意。

☆流し台の下は消毒用エタノールで消毒

流し台の下は湿度も温度も高く、しかも汚れがたまっているため、カビやすく、ゴキブリの格好の住《す》み処《か》にもなります。中掃除では、とにかく湿気を除去すること。中のモノをすべて出して、お湯で絞った雑巾で汚れを拭き取ります。そのあと、乾いたタオルに消毒用エタノールを含ませて拭いて殺菌し、最後に、中に風を通して十分に乾燥させます。

中掃除を機に、流し台の下に収納しているモノたちを再点検。いつか使うだろう、としまっていたけれど、一度も使っていない調理器具などがその対象。不要だと判断したら、他人に譲るか処分します。モノが減れば、その分、風通しもよくなり、湿気《しけ》なくてすみます。

☆ガスレンジの下も流し台の下と同様の方法で

ガスレンジの下の収納場所は、流し台の下と同じ方法で。すぐ上でガスを使っていますから、流し台の下以上に高温になり、ゴキブリの格好の住み処になります。ていねいに中掃除をしましょう。

不要なモノを処分したうえで、少しでも隙間をつくって風通しがよくなるよう収納し直すことも大切。

液だれの残っている古い缶やアルミシートにはゴキブリが集まってきます。調味料の下に置く缶やアルミシートも新しいモノに替えておきましょう。

☆ガスレンジの五徳には中性洗剤を使う

毎日小掃除をしていても油汚れがたまってくるのが、ガスレンジの五徳。五徳の中掃除は季節ごとといわず、二〜三週間に一度は行いたいものです。

五徳を外して、中性洗剤を含ませたスポンジで汚れをこすり落とします。スポンジで落ちない汚れは、金属タワシで軽くこすり、あとは水で流して、水気を拭き取っておしまい。

☆洗面台のシンク、蛇口、鏡にはクレンザーが最適

洗面台のシンク、水道の蛇口、鏡はクレンザーを少しつけて、スポンジでこすります。

洗面台と鏡の間の接着部分はゴム状のため、ここにカビが発生すると落とせません。クレンザーを古歯ブラシにつけて、軽くこすり、汚れを落としておきます。

いずれも最後に水で洗い流すか、水で絞った雑巾で拭き取り、さらに乾いた雑巾でしっかり拭いておきます。

☆浴室の天井や壁をブラシでこする

浴室の壁や天井はホコリで汚れていて、カビが生えている場合もあります。手が届く場所なら柄のついていない浴室用ブラシで、届かない場合はデッキブラシでこすり落とします。

タイルの目地は、クレンザーに台所用の中性洗剤を混ぜ合わせ古歯ブラシにつけて、黒ずんでいる部分をこすります。

そのほかの部分はブラシにクレンザーをつけて汚れを落としましょう。石鹸やシャンプーを入れている容器、洗面器、浴室用椅子などはとくにていねいに。

掃除が終わったら窓やドアを開け放ち、新しい空気を入れ、換気扇をまわして浴室を十分に乾燥させましょう。

☆床は石鹸水で拭くと簡単

フローリングの床の汚れには、石鹸を溶かし込んだぬるま湯を使います。この中で絞った雑巾で拭くと、ホコリも油汚れも同時に落とせます。最後に、お湯で絞った雑巾を使って石鹸分を拭き取ります。

カーペットはお湯で固く絞った雑巾で全体を拭きます。拭き終わったら、窓やドアなどを開け放って風を通し、十分に乾燥させましょう。

10 大掃除は夏！「ほっとけ掃除」でラクラク

●気温が高い夏なら油汚れも自然にゆるむ

本来の大掃除は「神迎え」のためのものでした。

農作業に一年中追われる暮らしでは、掃除をゆっくりするヒマなどありません。収穫が終わり、ようやく休めるのは晩秋から冬になってから。

その頃には正月が目前に迫っています。暮れは、翌年の豊作と家内安全、健康を神に祈る準備期間。一年の汚れを落とす大掃除をして、神をわが家に迎える準備を整えました。つまり、これが大掃除だったのです。

いまでは暮れは一年分の汚れを落とすとき、と考えられていて、ほとんどの人が暮れに大掃除をしています。けれど、寒い思いをして、なぜ冬に大掃除をしなければならないのでしょう。昔の農家とはちがって、冬以外にも掃除の時間はとれるというのに……。

大掃除をするなら、夏にかぎります。夏は気温が高いから、水仕事も苦になりません し、汗だくになりながら大掃除をすれば、シェイプアップにだってなります。長い夏休み、時間をもてあましている子供たちに手伝わせることもできます。それに、なによりうれしいのは、気温が高いために油汚れもゆるんでいて落ちやすいことです。放っておけばよいのです。だから、「ほっとけ掃除」。

●洗剤につけておくか、汚れを「湿布」するだけ

この「ほっとけ掃除」では、外せるものは外して、食器洗いの石鹸液や中性洗剤液につけます。外せないものは、ペーパーに洗剤を含ませて、油汚れの部分に「湿布」します。汚れの程度によって違いますが、時間にして三〇分から一時間放っておけば、油がゆるんできます。十分にゆるんだところで洗い流せばおしまい。

それでも汚れが残っていれば、拭き取るか、ブラシなどでこすります。こするにしても、気温が低い冬とはちがって力を入れる必要などなく、しごく簡単。あっという間に落ちます。

こびりついた油汚れがもっともひどい換気扇の羽根も、この「ほっとけ掃除」法が利用できます。アルカリ洗剤をつくり(次ページ参照)、その液に羽根の部分がすべてつかるようにすれば、きれいに落とせます。こんなにラクな夏の「ほっとけ掃除」、それでもあなたは、寒い冬に大掃除をしますか?

11 年に一度の大掃除。要領よくテキパキこなして

●大掃除はここをおさえて

年に一度、夏に行う大掃除の項目は、次のとおりです。これを読んでいただければ、

大掃除は夏にかぎることをますます確信するはず。

☆換気扇は重曹（炭酸水素ナトリウム）を足した洗剤で

年に一度の大掃除では、換気扇用の洗剤づくりから始めます。薬局で売られている炭酸水素ナトリウムを中性洗剤に混ぜてアルカリ性液をつくります。汚れをより早く分解させるためには、アルカリ性液にアンモニアを一〜二滴たらします。ただし、網にはアンモニアは強すぎるので、アルカリ性液だけで。

この中に換気扇の羽根（シロッコファン・プロペラファン）や網を三〇分ほどつけます。汚れがひどい場合は、三〇分以上つけておきましょう。

汚れが溶け出してきたところで、古歯ブラシを使って細かい部分の汚れを落とします。そのあとお湯でよく流して、しっかり乾燥させてからセットするのは、中掃除と同じ。

☆天井はペーパーモップでラクラク

手が届かない天井の汚れ落としは、大掃除の定番。天井の汚れの主体は、ホコリですから、ペーパーモップが大活躍です。床にモップをかける感覚でラクにホコリが落とせます。ゆっくりとモップを動かしながらホコリを取り除いていくのがコツ。

☆壁はペーパーモップに雑巾をはさんで拭く

壁の材質には合成樹脂クロス、布、材木、漆喰《しっくい》などありますが、ほとんどは合成樹脂クロスです。これには台所用の中性洗剤が使えます。

手の脂汚れが多い壁には、中性洗剤がぴったり。ぬるま湯に洗剤を溶かし、固く絞った雑巾を使います。

ペーパーモップにこの雑巾をはさんで拭くと、壁の広い面積をムラなくきれいに拭き上げることができます。

新築とはいかないまでも、それに近い仕上がりになります！

☆食器戸棚の中も中性洗剤で拭く

食器は毎日のように洗っているのに、それをしまう食器戸棚の中は意外と掃除をしていないもの。せめて年一回の大掃除ではきれいに拭きましょう。

使う洗剤はここでも台所用の中性洗剤。水で薄め、台ぶきんを固く絞って拭きます。外へ取り出すのは、棚の一ヵ所の食器のみ。空いたその部分をまず拭きます。拭き終わったらそこへ次の食器を移してその部分を拭き、さらに次の食器をそこへ移して拭く……。このように順に食器を移しながら拭いていけば、外へ出す食器は最初の一団だけですみます。

最後に、消毒用エタノールを食器棚全体にスプレーして殺菌しておけば完璧。

☆窓ガラスを拭くには新聞紙が最適

外側は水を入れたスプレーを吹きつけておき、丸めた新聞紙でざっと拭きます。乾かないうちに、新しい新聞紙を丸めて、今度は磨くつもりでていねいに拭いていきます。丸めた新聞紙は拭くのに最適な厚みで、水を含む量もちょうどいいのです。

なお、窓ガラスの内側は、結露《けつろ》ができる冬には毎日拭きましょう。窓ガラスの内側の主な汚れはホコリ。乾いたタオルでさっとひと拭きするだけできれいになります。結露の水滴が水の代わりになるというわけ。

◎大掃除は夏にする!!(1)

壁はペーパーモップに
雑巾をはさんで拭く
天井は
ペーパーモップで
拭く
ベランダは割り箸
などを使う
照明器具は
薄めた
中性洗剤の
中で洗う
とよい
網戸は
裏表はさんで
拭く
窓ガラスは
新聞紙で

◎大掃除は夏にする!!(2)

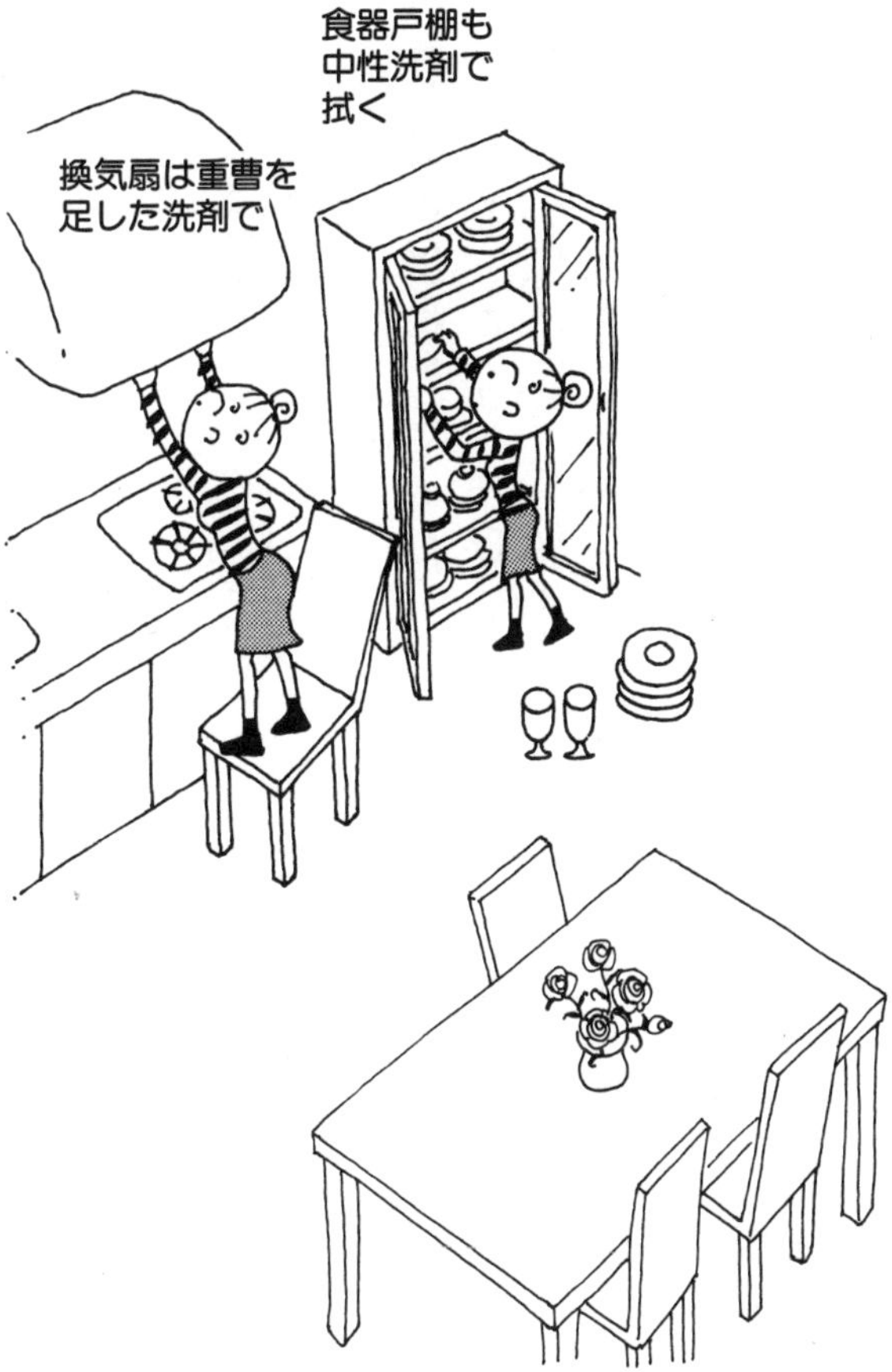
食器戸棚も
中性洗剤で
拭く
換気扇は重曹を
足した洗剤で

☆照明器具は台所用の中性洗剤で

照明器具は外せるものは外します。そのうえで、シェードの部分だけ外して、紙や布製以外の材質のものは、水で薄めた台所用の中性洗剤の中で洗います。あとはよくすすぎ、しっかり乾かします。電球や蛍光灯の部分は、絞った雑巾で拭きましょう。

紙や布のシェードは乾いたタオルでさっと拭いてホコリを取っておきます。取り外せないものは脚立を利用。

☆網戸は裏表からはさんで拭く

網戸は古いボディブラシでホコリを払い、裏と表の両側から雑巾ではさんで拭くのがコツです。汚れがそれほどひどくない場合は、水で絞った雑巾で十分。

これで落ちなければ、台所用洗剤液か石鹸液をしみ込ませたスポンジを使います。この場合も、雑巾と同じ要領ではさんで拭きます。

最後に、水で絞った雑巾で、やはり両側からはさんで、水気をしっかりと拭き取ります。

☆ベランダ

ベランダには木の葉やホコリ、土などがたまっています。全体に水を流しながら、ほうきで掃きましょう。細い溝などにたまった汚れは、割り箸でかき出してから水を流します。排水口をふさいでいる土なども割り箸を使うとラクに取り除けます。鉢植えの下にこびりついた土には、ブラシを使うのが一番。

12 収納テクニックを身につければ、あなたも片づけ上手に

●まずは、何をどのくらい持っているか総チェック

「整理ができない」「収納がうまくいかない」とはよく聞くことですが、実際には真剣に、整理や収納の工夫をしていないことが多いのです。

家に帰るのも嫌なくらい部屋の整理ができていない友人がいます。よく聞いてみる

と、毎日の片づけやあと始末をそのままにして、日々過ごし、片づけものがたまってしまうことで整理ができないようです。

生活には、モノが必要なのですが、そのモノばかりが増えて収納場所がいっぱいというのでは、何をするにも不便になります。気持ちよくスッキリとした生活のためには、必要なモノを、必要量、一定のスペースに収納することです。

まず、それぞれのモノの総量を計ってみるのが先決。どれくらいのモノを持っているのか、どんなモノをいま必要として使用しているのか、いまもこれからも使用しないモノはあるのか、などを出します。

●それぞれのモノにとって最適な収納場所を決める

次に、モノには適所がありますから、取り出しやすく、しまいやすいスペースはどこかを決定します。たとえば、洗面所にはバスタオル、石鹸、化粧品などがあると使いやすいわけです。ところが、バスタオルが寝室にあったりすると、使いにくく、しまいにくいことになります。

ここまでできれば、あとは簡単。必要なモノを適したスペースに収納すればよいだけですから。

日々たまっていく新聞、雑誌、チラシ、郵便物、ゴミといったモノは、一定の期間を決めて処分していけば、いつもスッキリ片づいています。

13 衣類はつるす、たたむ、丸める。それぞれに適した方法で収納

●つるす

衣類のアイテムにより、それぞれつるす、たたむ、丸めるといった整理・収納が適しています。

衣類を収納する場合は、いずれの方法にしろ、初めに収納するのに適したスペースを決め、そこにはどれくらいのスペースがあるのかを計ります。

たとえば、つるす場合、タンス、クローゼットの幅がどれくらいなのか、などで

す。実際の幅を計ります。二メートルの場合、そこに収納できるスーツ、コートなどは二メートル÷八センチ（この八センチはスーツやコートの肩の厚みです）＝二五着。この二五着がタンスに収納できる理想的な枚数というわけです。

これ以上収納すると、形がくずれてしまうので、せいぜいあとプラス五着くらいと考えることです。

それでは、収納をする前に、つるす衣類を全部出してみて、整理してみましょう。

●チェックポイント① 絶対に着るモノ
●チェックポイント② いまは着ないが、時期がきたら着るモノ
●チェックポイント③ 結婚式、葬式などに着るモノ
●チェックポイント④ スポーツで着るモノ
●チェックポイント⑤ いま着ていないモノ

に分類します。

①〜④は実際に着るモノですから、つるして収納すればよいわけですが、問題は⑤

◎洋服のたたみ方いろいろ

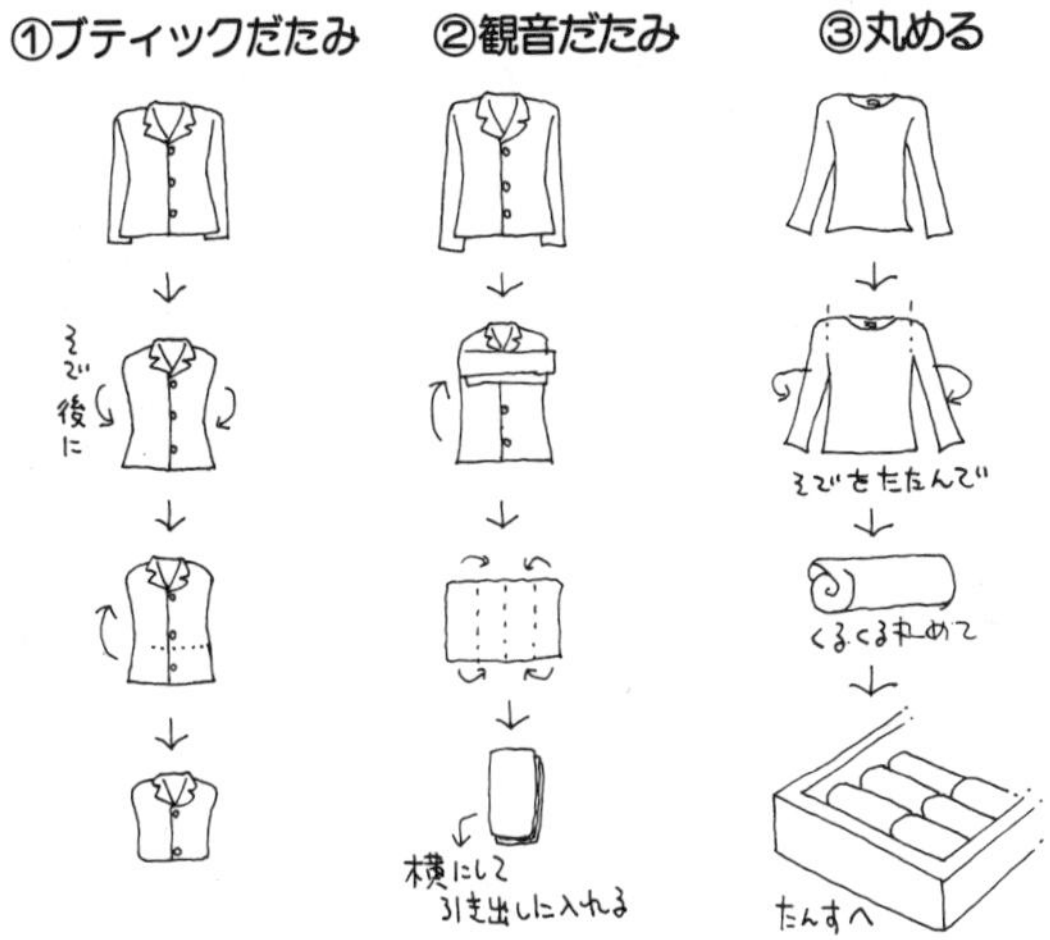

です。これらは、自己判断チェック（82ページのイラスト参照）にしたがって整理しましょう。

①〜④をつるして収納するとき、形くずれしないように、ハンガーは衣類の肩の厚みにあったものを使用します。

●たたむ

たたむ収納に適したアイテムはセーター、カーディガン、ニットのインナーなどです。

これらもつるすアイテムと同様に、適したスペースにどれだけのモノが収納できるのかをはっきりさせます。たたみ方により収納量も異なりますから、たたみ方をまず決めることです。
たたみ方は、①ブティックだたみ、②観音だたみ、とに分けられます。
①のブティックだたみは、衣類を広げ、アームホールを背中側に肩幅分だけたたみ、袖を裾のほうに下ろしてたたみます。背中側の裾は衿《えり》に重ねるようにします。外出着など大事にしたい衣類はこの方法で。
②の観音だたみは、衣類を広げ、前面に袖をたたみますが、左右の袖を重ねないようにします。
次に前面の裾を衿に重ね、さらに両脇四分の一を内側に折り、半分に折ったら完成。ふだん着などに適したたたみ方です。
①のブティックだたみは、引き出しやチェストに重ねて収納しますが、このとき、衿を交互にさせて重ならないように注意しましょう。重ならないようにすると、一〜二枚は多く収納することができるからです。
②の観音だたみも引き出しやチェストなどに収納しますが、これは引き出しに並べていきます。並べ方は縦でも横でもよいのですが、できるだけ収納量が多くなるようにするのがコツです。

いずれもニットのアイテムですから、空気を抜いてから収納すると、それだけ多く収められます。押し込みながら収納していきます。

●丸める

この収納に適しているアイテムは、ニットやTシャツ、トレーナー、綿のインナーなどです。

やはり、収納したいスペースにどれくらいの量が収まるかをまず計ります。

たとえば、収納ケースを使う場合、衣類を丸めたときの直径が一〇センチで、ケースの幅九〇センチ、横四五〜五〇センチなら、およそ四五枚収納できる計算になるわけです。

丸め方は観音だたみの途中までは同じ。次に、裾を衿に重ねて、いっぽうの端からくるくると丸めていけば完成です。

収納には丸めた口が見えるよう縦に収納してもよいでしょう。何がどこにあるのか一目瞭然です。

14 調理器具の収納は流し台やガスレンジの下などを有効利用

●使用頻度で分類する

調理器具には鍋、フライパン、まな板、ザル、ボウル、包丁、蒸し器、土鍋、フライ返し、おたま、泡立て器、菜箸、ご飯へら、すりこぎ、キッチンバサミ、缶切り、ワインの栓抜き、計量スプーン、おろし金、網じゃくし、簡単スライサー、皮むきピーラーなどがあります。

これらは形も異なり、しかも持っている人はさまざまな調理器具を持っていますから、どこに収納するかをまず決めることが大切です。

鍋、フライパン、ザル、ボウルといったモノは、ほとんど流し台やガスレンジの下などが収納場所となるわけですが、ここはがらんとした空間で、仕切りもなく、棚もなく、ただの箱状態です。何がどこにあるかひと目でわかるように、また、取り出しやすく、しまいやすい状態にするためには、収納量を限るか、あるいは、棚などを使用してスペース量を増やすかのどちらかです。

それにはまず、①絶対に必要、②季節によって必要、③特別なときに必要（たとえば正月、お盆など）、④料理によっては必要（たとえば土鍋、すき焼き鍋など）、⑤ほとんど使っていない、というようにすべての調理器具を分類してみることです。

①〜④の収納では、重ねる、つるす、蓋《ふた》を外して重ねるなどにして見やすく、取り出しやすく、しまいやすいように収納します。それには数を限ることが必要です。

●調理用小物はホコリを防げる場所に

調理用小物についても同様に、収納する場所を決め、引き出し、器に入れてガスレンジの下などのスペースを確保します。

鍋と同じようにまず①〜⑤に分類してから、引き出しに入れるか、器などに立てるか、あるいはつるすなどして収納します。とくに、調理用小物は、汚れがたまりがちですから、ホコリにならないような衛生的な収納方法を工夫します。

引き出しに収納する場合は、トレーで仕切るのが一般的です。引き出しが足りない場合などには、キッチンにワイヤーラックをつり下げて収納スペースを確保してもよいでしょう。

15 文房具・薬・紙袋・手紙・切手・領収書の完璧収納法

●年一〜二回のチェックを忘れない

これらのこまごましたモノは、小さな引き出しの多い文房具家具のようなものが収納スペースとしては最適です。

その引き出しごとに分類して、そこにそれぞれを収納します。

しかし、それは文房具に限ってのこと。薬はできれば室温が高くならないほうがよいので、救急箱などに一緒に入れて、その箱を低温が保てる押し入れに。紙袋は大きな紙袋ひとつの量に限ってそこに収め、これを押し入れにしまいます。

そして、それぞれの収納スペースを一年に一～二回はチェックして、不要になったモノを処分します。たまったまま、グチャグチャにしてしまわないように注意することが大切。

また、実印、パスポート、預金通帳、生命保険証書、権利書、契約書などは、ファイルにまとめて貸金庫に預けるか、重要書類として棚にファイルします。

16

取扱説明書・健康保険証・救急医院のリスト・電気・ガス・水道取扱店・カタログ

●緊急時にすぐ、誰でも取り出せるようにする

これらの書類は、クリアファイルに収めて、ひとまとめにしておくと紛失する心配がありません。緊急を要するときにもすぐに取り出せ、また家族の誰にでもわかるようにしておくことも必要です。

休日、年末・年始では、連絡先を調べる手間のないように、一覧表にして緊急の電話番号などがわかるようにしておくことです。

収納スペースとしては重要書類の棚に一緒にしておきます。

17

本・CD・ビデオテープ

●収納スペースにあわせて整理する

本棚、CD棚、ビデオ棚などに収納するのがふつうです。

本の場合、紙はとても重いので、多くなればなるほどしっかりとした本棚が必要になってきます。

本を収納するには、背が高くて大きい本は棚の奥に、その手前に背が低く、小さい本を収納すると、見やすく、取り出しやすくなります。

とはいえ、本が好きな人は、隙間があればどこにでも収納する傾向がありますから、一年とか五年といった期間を区切り、整理する必要があります。

そのときは、本棚の一部分をすっかり取り出し、もう二度と読まない、手放せない、もう一度読んでみる、まだ読んでいないなどをチェックしながら整理し、すでに読まなくなった本は、本棚に収納しないことです。

同じように、CDやビデオテープも一定期間を区切って整理し、収納棚に収まる数量だけを手元に置き、あとは手放して収納棚をスッキリさせることを心がけます。

18
究極の収納テクニックとは気持ちの整理

●収納より、まず整理を考える

家や部屋の容量は一定なのに、それ以上にモノが増えれば、当然モノは室内や家の中にあふれることになります。

あふれたモノたちを丸めたり、たたんだり、押し込んだり、ファイルしたり、収納のテクニックを駆使して形だけ変化させても、モノ自体が少なくなるわけではありません。

それよりも、本当に必要なモノなのか、なぜ必要なのか、といったことを考えて、モノを吟味することのほうがはるかに大切です。

収納を始める前にまずは「分類」をするように、と書きました。分類することで、何が必要で何が不要なのかや、必要なモノの優先順位なども見えてくるからです。また、必要だと思い込んでいたモノも不要であることに気づくこともあるでしょう。たとえば、鍋にしろ六個もいらない、四個あれば十分、といったことに気づくきっかけとなるわけです。

●こないかもしれない未来より、現在を優先して

いつか使うかもしれない、誰か来たときに必要になるかもしれない、など予測できない「未来」のためにモノを用意して収納しがちですが、そうした未来はめったにこ

ないもの。そのために場所をふさぎ、家を狭くするのはもったいない話です。それなら、自然災害の備えとなるモノを収納しておくべきです。

あるモノが何のために必要なのかをしっかりと見極めることは、生活に対する気持ちを整理することでもあります。自分の生活にとって必要なモノ、不要なモノ、あると心のうるおいになるモノを頭の中で整理しましょう。快適で豊かにしてくれるモノに囲まれて暮らす。これこそが生活整理です。

モノを収納する技術よりも前にまず、気持ちを整理してスッキリさせてみませんか？

MILK

Part

4

食べることは、シンプルがおいしい！

1

シンプルな料理こそ美味。その味つけは「心」です

●絶妙なタイミングで出されたアツアツのサツマイモ

おいしい料理とは？　それは心をこめてつくられたもの、素材が厳選されている、温かい、冷たいがはっきりしている、食べるしつらえが整っている、といったもので、決して立派な料理だからではありません。

あるとき、大先輩のお宅へうかがうと、

「いま、サツマイモができたところなのよ、食べない？」

と、アツアツのサツマイモをお皿にのせて、お茶と一緒にすすめてくださいました。私が到着する時間を見計らって、ふかしてくださったのです。ホクホクのアツアツ。素材の自然な甘みが口に広がり、おいしくてサツマイモに感動すらありました。

おいしい料理とは、シンプルゆえにおいしいのです。

●茹《ゆ》でるだけの枝豆。その茹で加減がむずかしい

私の好物は枝豆。夏など湯上がりに、青々と茹で上がった枝豆を食べながら飲むビールは最高です。ところが、枝豆ほどうまく茹でるのがむずかしいものはありません。とくにお湯の量がむずかしい。お湯の量が少なくて枝豆が多いと、茹でる時間が長くなって、まずくなります。反対に、枝豆の量よりもお湯がずっと多いと、固く茹で上がってしまいます。

それに、塩加減も大切。多すぎても、少なすぎてもおいしく仕上がりません。枝豆が好物にもかかわらず、よく失敗します。せっかちな私はつい、茹で上がるのが待ちきれずにザルに上げてしまったり、逆に、ほかのことに気をとられていて茹ですぎたり……。

そんなときの私は要するに、料理づくりに心がこもっていないのです。

食べることは一生ついてまわります。せっかく食べるなら、心をこめておいしくつくらなければ、と反省することしきり。おいしい料理はシンプル。そしてシンプルな料理をおいしく仕上げるには、気を抜かず心をこめてつくることが大切でしょう。

2

おいしさの決め手は新鮮さ。食材探しに手間をかけて

●新鮮さは料理の強力助っ人

テレビの料理番組を見ていると、産地を紹介することがあります。ひとつの食材をつくるのがどれほど大変なことかよくわかります。

産地を紹介したあと、出演者たちがその食材を食べて、「こんなにおいしいモノを食べたことはない」と口々に褒めます。

丹精こめてつくられた新鮮なモノなのですから、出演者たちがいうように、さぞかしおいしいのでしょう。

何も手を加えず、そのまま食べてもおいしいはずです。この新鮮さほど、料理の腕がおぼつかない人にとってありがたいものはありません。

●親戚、産地直送、宅配便で新鮮な食材をゲット

ところが、野菜にしても魚にしても、新鮮な食材は私たちのもとにはなかなか届きません。手に入ったとしてもベラボウな値段で、とても手が出ない。新鮮な野菜を食べたいばかりに、家庭菜園を始めた人もいるくらいです。

では、どうしたら新鮮なモノを手頃な値段で手に入れられるのでしょうか——。

まず、新鮮な食材をそろえている店を見つけることから始めます。近所になければ、多少遠くても足を運びます。

また、最近では、産地直送をしているグループもありますから、そこから仕入れる手もあります。産地にいる親戚や知り合いなどから、送ってもらうのもよいでしょう。その他、産地の店や仲買から直接宅配便で送ってくれるシステムも盛んです。これなら、産地に知り合いがいなくても大丈夫。ただ、カタログで見て選ぶわけで、手にとって見られないのが少々心配ですが……。

いずれにしても、シンプルでおいしい料理は新鮮な食材があってのこと。より新鮮で、より安いモノを手に入れるためには、労力を惜しまないことです。

3 手間と時間を省いて調理。これもシンプルへの条件

●切ってから茹でれば、スピードアップ

仕事で夜遅くなったときの夕食は、とにかく一刻も早く食べたいもの。じっくりつくってなんていられません。そんなときに、手早くさっと調理するのもシンプルの条件です。

たとえば青菜。茹でてから切れば、見た目もきれいですが、時間がかかります。私は洗ったあと、ざくざくと切り、そのまま固いほうから鍋に入れて茹で、ザルに上げて絞ります。長さがふぞろいだし、お世辞にもきれいとはいえないけれど、急ぐときはそれでよしとします。

ジャガイモなども皮をつけたまま茹でて、食べるときに皮をむきます。このほうが早く食事ができるし、皮をむいてから茹でるよりも、食べられる部分が多くなるよう

です。

ニンジン、サツマイモなども同様にしています。ただ、サトイモやナガイモにはぬめりがあるので、皮をむいてから茹でています。

カリフラワーは酢、小麦粉、塩を入れた湯で茹でると白く仕上がります。見た目もきれいで、味もよくなり、これなら手間も時間もかかりません。

●生野菜を素早く洗うコツは「塩水」

生で食べられるカブ、ダイコン、ハクサイ、キュウリ、トマト、レタスなどの野菜は、洗いさえしっかりすればいいのです。水に塩を加えた中に野菜を入れて、よくこすり洗いをします。塩が表面についている汚れなどを取り除いてくれるからです。塩水にしばらくつけておくのも方法。

干しシイタケ、干し海老、干し貝柱などの乾物を早くもどしたいときは、湯に砂糖を少量加えた中につけておきます。

だしにするときは前もって、水を入れたビンに昆布なり煮干しなりをつけておきます。必要なとき、もどし汁をさっと出して使えます。

もちろん、料理のスピードアップには電子レンジや冷凍庫を大いに活用することも欠かせません。

4 少ない品数でも、デリシャスな食事を

●おいしい料理は一品あればよい

本当にシンプルなモノは、そのまま食べておいしいものです。とれたてのトマトやキュウリなどはその格好の例。食材が新鮮なら、そのままでもおいしく、とくに調理しないで切っただけで食べてもいいのです。けれど、これだけでは食卓がなんとなく寂しいからと、手をかけて味つけをして、いろいろと料理をつくりますが、多くつくりすぎて残っても困りものです。

おいしい料理は一品あればよいのです。ここで、私がよくつくるおいしい「一品料

理」をリストにしてみました――。

☆ナガイモのそぼろ煮
☆ゴーヤチャンプルーもどき
☆クレソンと鶏肉のショウガ和《あ》え
☆春雨炒め中国風
☆キュウリのトウチ炒め
☆ヤリイカ寿司
☆干しカブの煮物（新潟では干しダイコンを干しカブと呼ぶ）
☆かき和えなます
☆夏野菜の煮込み
☆ジャンボシューマイ
☆鶏肉のカシューナッツ炒め
☆こんにゃくスパゲッティ

●少ない品数をおいしく食べる

おいしい料理が一品あれば、あとはおひたし、漬物、和え物、酢の物、サラダなど手がかからないモノを加えるだけでよいでしょう。いく品も手をかけた料理を並べたからといって、おいしい食卓になるものではありません。おいしいと思えるのは、せいぜい一～二品なのですから。

シンプルな「食」とは食事を簡単にすませるということではありません。食卓にのぼる品数を少なくして、おいしいモノを食べること。ここを間違えないでいただきたいのです。

カップラーメンだけ、うどんだけ、そうめんだけ、というのはいただけません。これでは食事ではなく、「餌《えさ》」です。一品でもおいしいモノを食べるのが食事。ここが餌と食事の違いです。

5 これこそ「シンプル献立」！ 一週間分を列挙すると

●栄養と味を考えた献立例

シンプルな献立にも、主食と副食、添え物、それに果物は必要です。一週間分のシンプルな献立例を書き出してみましょう——。

もっとシンプルにすることはいくらでもできますが、それでは、献立というよりただの餌になりかねません。

もちろん、健康のためにもいいわけがありません（一九四ページ参照）。

◎一週間の「シンプル献立」

	朝食	昼食	夕食
月曜日	ご飯、みそ汁、卵焼き、海《の》苔《り》、果物	うどん、煮物	ご飯、煮魚、おひたし、煮物、みそ汁
火曜日	ご飯、みそ汁、煮物、海苔、果物	サンドイッチ、コーヒー	ご飯、肉のショウガ焼き、キンピラ、サラダ、みそ汁
水曜日	パン、サラダ、紅茶、果物	サンドイッチ、コーヒー	スパゲッティ、サラダ、スープ
木曜日	ご飯、みそ汁、野菜みそ和え、海苔、果物	混ぜご飯、サラダ、みそ汁	ご飯、天ぷら、おひたし、海藻の煮物、みそ汁
金曜日	ご飯、みそ汁、おひたし、海苔、果物	ご飯、海藻の煮物、みそ汁	天丼、おひたし、野菜のごま和え、みそ汁
土曜日	ご飯、みそ汁、キンピラ、海苔、果物	ご飯、野菜からし和え	混ぜご飯、野菜の卵とじ、野菜の酢みそ和え
日曜日	パン、チーズ、サラダ、コーヒー、果物		ご飯、焼き肉、野菜煮、野菜のごま和え

6 簡単料理の王者は鍋料理だ。具をぜひ工夫して

●鍋料理にかなうものなし

鍋ひとつでまかなえる料理といえば、まず頭に浮かぶのが鍋料理です。

鍋料理には多くの種類の食材が使われるので、鍋ひとつで栄養をたっぷりとれます。しかも、それらの食材はたいてい切るか、茹でるだけで、手早く準備ができます。あと片づけも鍋ひとつに器などが少し加わるだけですから、いたって簡単。翌日にもその残りでおじやなどがつくれますから、冬になると、もてはやされるのも、うなずけます。

でも、私は鍋料理があまり好きではなかったのです。鍋料理といえばそれしかなくて、食べる量の多い私としては、ついつい食べすぎてしまうからです。

ところが、鍋ひとつでのシンプルな料理として、これほどおいしいモノはないこと

に、ようやく気がついたのです。

●和風、洋風、中華風、味は好みで

まずはだし。かつおや昆布といった定番を使っただしは、ていねいにとると味にコクが出ます。これに肉か魚を加えることで違った味になります。

それに、味を好みに変えられ、具をさまざまに組み合わせられるのも、すばらしい点。たとえば、最近、友人から教えてもらった鍋料理は、ゴマ油をたっぷり使って卵を炒め、それを具にしたもの。ゴマの香りと風味がよい、中華風のおいしい鍋になりました。

相性のよい具をいろいろに組み合わせれば、たくさんのバリエーションが楽しめます。たとえば、ソーセージとベーコンを組み合わせれば、ポトフ風の鍋になり、納豆とニラならピリッとしたキムチ風に。ハンペンときのこ、セロリを入れてトマト味に仕上げれば、和洋折衷の乙な味になります。

チリメンジャコにインゲンマメやエンドウマメを合わせれば、さっぱりとした上品な和風の鍋の出来上がり。

●鍋ひとつでつくる料理いろいろ

鍋料理がおいしいのなら、鍋ひとつでつくるほかの料理もまたおいしいはずです。なにより、手間をかけずにつくれるのが魅力。というわけで、思いつくままにあげてみましょう——。

☆煮る

サトイモ、ニンジン、レンコン、大豆などを一緒に煮ます。タケノコやダイコン、サトイモ、カブなどもおいしいものです。

トマト、セロリ、キュウリ、カボチャ、タマネギなどを組み合わせれば、洋風に。それぞれに、肉やタコ、イカを加えてもいいし、また、魚を煮て、そこに好みの野菜を加えても。

☆煮込む

カレー、シチュー、ロールキャベツ、おでんなど。これも鍋に材料を入れたら、あとはでき上がるのを待つだけ。

☆スープ類

みそ汁、豚汁、鍋焼きうどん、チャウダー、スープ。だしをとって材料を加えるだけで、鍋があればできます。

☆炒め煮

キンピラ、オイスター炒め、いり豆腐、いりおからなど。

鍋ひとつでおいしいシンプル料理のレパートリーがたくさんあることに、改めて気づかされます。

あなた自慢の鍋料理を工夫してください。

7 食卓が物足りないときに大活躍の常備菜

●すぐに出せる一品をつくりおき

このようなシンプルな献立では、やはり物足りなさを感じるときもあるでしょう。そんなときのために、常備菜をつくりおきしておくと、すぐに一品増やせて、おなかも充足感が得られます。次の五品などは簡単につくれて、身体《からだ》にもよく、おいしい常備菜です――。

☆キンピラいろいろ

ゴボウとニンジンの定番だけでなく、レンコン、ピーマン、セロリ、たくあん、サツマイモの皮、ウドの皮、ダイコンの皮などのキンピラも美味です。

油は少なめに。味を濃いめにすれば、長く保存ができますが、身体のためには薄味に心がけましょう。

☆チリメンジャコあめ

チリメンジャコはそのままでも保存できるけれど、ひと手間かけることで味もよくなります。

チリメンジャコを軽くいります。あめを水で溶かした中に砂糖、しょうゆ、サラダ油を入れ、泡が立ってきたら、火を止めてチリメンジャコを入れ、余熱でからめます。サンショウを加えれば、チリメンザンショウに。

☆糸昆布の煮物

水でもどした糸昆布を油揚げ、大豆と一緒に炒めます。昆布のもどし汁をひたひたに注ぎ、煮立ったら弱火にして、アクを取りながらしょうゆとみりん、酒で調味し、昆布が柔らかくなるまで煮ます。

☆海苔《のり》のつくだ煮

缶から出した新しい海苔ではなく、余って湿ったものでＯＫ。海苔をせん切りにして水に少しつけ、柔らかくなったら水気をきります。煮汁と赤唐がらしで煮ます。

☆肉みそ

挽き肉（豚、牛、鶏など好きな肉で）を長ネギとショウガのみじん切りと一緒に油で炒め、同量のみそ、しょうゆ、みりん、酒を加えてねり混ぜます。

8 シンプルな食卓で大切なのは「整える」「感謝する」こと

●簡素とシンプルとは別

シンプルには「単純、簡素」といった意味がありますので、食事についても単純に簡素に徹するととらえられることも少なくありません。つまり、食事の内容も単純で簡素がいい、と。

確かに、どんぶりご飯やインスタント食品ですませたり、残りもので終わらせれば、これ以上シンプルな食事はない、といわれるかもしれません。

けれど、シンプルとは、きちんとしなくてよいということではなく、むしろ、その反対です。

食事である以上、「整える」ことが必要で、この点が、シンプルを目指すときに失われがちな「食」に対する姿勢でしょう。

食事の内容がシンプルで、栄養的にも充実していれば、食べる姿勢はどうでもよいということにもなりません。見た目にも美しく、食欲をそそられるように整っていなくては、本当のシンプルではないのです。

器が料理とぴったりとマッチし、見た目もおいしそうで、季節感も感じられ、また、においでも食欲をそそられる……。これこそがシンプルな食卓であり、そのようなシンプルな食卓では、料理を前にして気持ちをたださなければなりません。

それが、料理を最後までおいしく、きちんと食べる礼儀ともいえるでしょう。

おいしい食材を一生懸命に生産してくれた人に、その食材を遠くから運んでくれた人に、食材を生かし、心をこめて調理してくれた人に、そして、大地の恵みである食材に、感謝の気持ちをこめて、きちんと残さずに食べきるのが礼儀です。

おなかがいっぱいになったからと、自分の皿にとりわけた料理を残すのは礼儀に反します。食べることに感謝しながら、楽しく食べきることが大切です。

9

コンビニ食もひと手間かけて大変身。ワインも添えて

●コンビニのサンドイッチをトーストサンドに

最近のコンビニ食は食材の産地にもこだわり、カロリーや添加物のことにまで気配りしていますから、人気があるのもうなずけます。

とはいっても、コンビニ食ばかりでは飽きてしまいます。少し手を加えて、目先を変えてみてはいかがでしょう。

たとえば、サンドイッチはトースターで両面を焼いて、トーストサンドにします。あのフワフワした食感がなくなり、パリッと仕上がります。

また、冷たいサンドイッチではなく、アツアツを食べたいときにもこのトーストはおすすめです。

夏のそうめんやうどんには、レタスやキュウリ、トマトなどを加えて、しょうゆド

レッシングか、しょうゆマヨネーズをかけましょう。そうめんやうどんにサラダが加わって、ビタミンもとれます。

●サラダにピラフを混ぜてボリュームアップ

また、コンビニのサラダにはピラフなどを混ぜて、ライスサラダにしても美味。サラダだけより、しっかり食べた、という気分になれるはず。

野菜の煮物やおでんなどは、卵とじの具に使っても。これをご飯にのせれば、おいしい変わり丼の出来上がりです。

このようなひと手間をかけない場合も、コンビニの容器のままでなく、器に移してお盆にのせ、ちょっぴり気取って食べましょう。なぜか器を替えるだけで、おいしそうに見えて、「食事」という雰囲気になります。

夕食には一杯のワインでも添えれば、華やかなコンビニレストランに。テーブルが華やかになれば、「個食」でも楽しくなります。

10

知恵と工夫で「創作料理」。余りものもおいしく変わる

●食べきることが鉄則

おいしい料理でも体調が悪いと、味が薄かったり、濃かったり感じられて食もすすまず、食べきることができません。せっかくの料理も残す結果となります。余ってしまうと、次の日も、またその次の日も同じモノを食べ続けることになります。

いくらおいしくできた料理でも、二日もたてば味は落ちて、食べたくなくなり、最後は廃棄処分。

これでは食材がムダ、つくった時間もムダです。週一回くらいならまだしも、二～三日続いては家計状態にまで響いてきます。

余りものも変化させて食べきる――。これもシンプル・マジックの鉄則です。けれど、そのためには知恵と工夫が必要で、そうそう頻繁にはつくれませんし、変化させ

たときの味も心配。自分の味覚と腕だけが頼りの創作料理にもなるわけですから、おいしいといいきることもできかねます。

それでも処分するよりはまし。余ったモノは、食材を生かす工夫を凝らして食べきりましょう。

たとえば余った青菜は、スクランブルエッグに混ぜ入れて、マヨネーズで和えてサンドイッチにすることができますし、おでんの具なら、衣をつけて天ぷらにするとおいしく食べられます。野菜の煮物は細かく切って、豆腐に混ぜて白和え風に仕上げてもいいでしょう。

私も料理が余ってしまったときは、このような自己流の「創作料理」を楽しんでいます。

けれど、カレーやシチューなどのしっかりした味の料理が余ったときには、創作のアイディアが浮かばなくて、せいぜいグラタンやカレーうどんにつくり替えるくらいです。余りものを本当に上手に利用する方法をもっと考えたいと思っています。

11

昔ながらの素朴なお菓子を復活させよう!

●手軽なスナック菓子が氾濫《はんらん》

お菓子天国の名のように、さまざまなお菓子が駅の売店やコンビニ、スーパーやファースト・フード店で売られ、簡単に買うことができます。いつの頃からでしょうか、道を歩きながら、ひどい場合は、駅や道端にべったり座ってお菓子を食べる若者の姿を見かけるようになりました。どこでも手軽に食べられるスナック菓子が氾濫しているのも一因でしょう。

そのいっぽう、昔ながらのお菓子はすっかり見かけなくなりました。まんじゅう、せんべい、もち、だんご、鯛焼きなどを食べている子供には、最近ほとんどお目にかかりません。甘すぎるとか、太るとか、食べる姿がダサイとか、手がベトつくなどの理由から敬遠されるようです。

●スナック菓子は子供のつきあいの必需品？

もうひとつ、どうせ手づくりするお菓子なら、子供に喜ばれるクッキーやケーキのほうがまし、ということになり、もちやだんごのつくり方の伝承がなくなったこともあるでしょう。

いまの手軽で簡単なお菓子は、確かに便利には違いありませんが、毎日のおやつに、それだけでいいのでしょうか。スナック菓子ばかりで、身体《からだ》は大丈夫なのでしょうか。

このスナック菓子にも、子供同士のつきあいというものがあるらしく、あるお母さんから、

「小学校に上がると、子供同士がスナック菓子を持って、おたがいの家を行ったり来たり。これが子供たちのつきあい方で、だから、スナック菓子は欠かせないんですよ」

という話を聞きました。

それでもやはり子供の身体が心配だからと、そのお母さんは家ではできるだけ手づくりのお菓子を食べさせるようにしているそうです。けれども、スナック菓子に慣れ

ている子供たちには、あまり評判がよくないともいうのです。

しかし、いまの子供たちに嫌われても、伝承された大人のおやつをつくり、子供に食べさせ続けていきたいもの。やがて、子供たちが大人になったとき、少しは日本のお菓子の味を次の世代に伝えていってほしいと思うからです。その伝承が多く残るようできるだけおやつのレパートリーを増やしておきましょう。

●大人のおやつを楽しむ

私が大先輩から教わった大人のおやつを伝授します——。

☆ゆべし

昔から伝えられたお菓子で、代表的なゆず菓子。ゆずのへたがついている部分を一センチ弱切り落として、中身をスプーンで取り出します。ゆずの中身は、サラダなどの別料理にします。小鍋に八丁みそとみりんを入れ、ねっとりするまで弱火で煮詰めます。これをゆずの釜に八分目入れて、蒸し器で一時間ほど蒸しておきます。火を止めてゆっくりと冷まし、冷めたら和紙に包んで、てるてる坊主のようにして、一ヵ月ほど寒風にさらして出来上がり。

薄く切り分けてコーヒーや紅茶、お茶と一緒に。みそとゆずの香りがして、これこそ大人の味。

☆ジャガイモもち

北海道ではよくおやつに食べるそう。茹でたジャガイモに残りご飯と片栗粉を混ぜて、耳たぶくらいの固さまでこねます。これを棒状にまとめて、厚さ二センチくらいの幅に切ります。フライパンにバターを溶かして、きつね色になるまで焼き、刻み海苔をふりかけて食べます。

バターの香りがジャガイモとマッチして美味。ジャガイモの代わりにダイコンでつくると、ダイコンもち風になります。

☆ゴボウチップ

ジャガイモの代わりにゴボウを使用します。ゴボウをせん切りにし、水に放ってアクを抜きます。水気をしっかりきって、片栗粉をまぶします。このときポリ袋に入れ

◎大人のおやつレシピ

ゴボウチップ

①ゴボウをせん切りにする

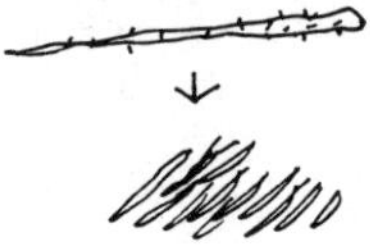

②水にひたしてアクを抜く

③水をきって片栗粉をまぶす

④180度の油で揚げる

⑤軽く塩を振って

ゆべし（ゆず菓子）

①ゆずのへたを１cm弱
切り落として
中身をスプーンで取り出す

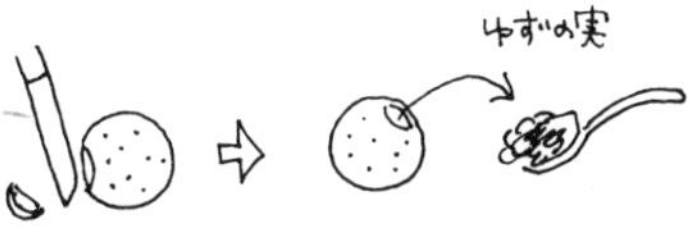

②小鍋に八丁みそとみりんを
入れ、ねっとりするまで
煮詰める

③②でできたものを、中身を
取り出したあとのゆずに
入れる

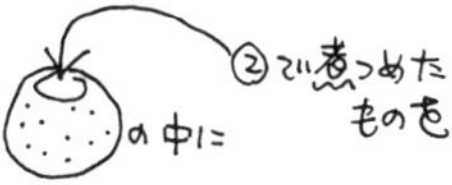

④蒸し器で１時間ほど蒸し、
ゆっくり冷ましてから
和紙で包んで、１ヵ月
ほど寒風にさらして
出来上がり

⑤薄く切り分けて
お茶と一緒に

てふるとうまく粉がつきます。これを一八〇度の油で揚げて、塩をふって食べます。カリカリとして、ゴボウとは思えません。繊維質がたっぷり含まれたゴボウはお通じをよくしてくれます。

12 料理のレパートリーが増えれば食事はいっそう楽しくなる

●シンプル料理にはレパートリー追加が必要

食材のおいしさが頼りのシンプル料理にはレパートリーが必要です。毎日同じモノが続くようでは、飽きがきてしまいます。

同じ料理でも飽きない人もいるようですが、たいていは飽きます。味が単調になり、食材が決まり、買うモノも一様になってくるのですから。

そうなると、食事そのものに興味が失われることとなり、「餌」状態になりかねません。

シンプルとはいえ、餌になることだけは避けなければなりません。食材を上手に使い、ムダを出さずに、おいしい料理をつくり、食事を楽しむ、これがシンプル料理なのです。

●マンネリになったときが、教わりどき

レパートリーがなくなったときこそ、料理上手な人に教わるときです。できれば、一緒にキッチンに入って料理の手ほどきをしてもらえると、なおうれしい！

友人の男性は、六〇歳にして初めて料理を習いにいきました。妻に先立たれてひとり暮らしになったときに、何もできないのでは惨めだから、せめて食事がつくれるようになっていたいというのです。

いまや、スーパーやコンビニ、デパートの地下食品街、お弁当屋、惣菜店など、料理を売っている場所はいたるところにあって、何もつくれなくても食事に困ることはないといわれています。けれど、食事は一日三回のこと、お仕着せの料理ではいずれ飽きてしまいます。

そうなる前にきちんと料理を習っておくとは、なかなか賢明です。

ただ、彼の場合、復習をしないのです。習うだけでは、いざ必要となったときには、すっかり忘れているかもしれません。せっかく習ったのなら、少しはつくってみることも必要です。

そう、いまのうちに、家の味、故郷の料理などを習っておくのもよいでしょうし、私も先輩に、日本に伝えられた料理をきいておきたいと思っています。昔からの料理にはシンプルなモノが多いので、きっと参考になるでしょう。

13

「おすそ分け仲間」で食材も料理もいつも新鮮

●量の多い安売りの食品は、おすそ分け

食材を買うとき、新鮮なモノを探すのはもちろんですが、安いモノが欲しいのも本

音です。

ところが、安売りのモノはたいてい、ひと山とか、ひと皿に山盛りになってたくさん売られています。これでは、新鮮でおいしいうちに食べきれるかどうかで悩んでしまいます。悩むくらいなら、買わないほうがいいけれど、経済的にピンチなときはやむをえません。

そんなとき、「おすそ分け仲間」がいるとムダにしなくてすみます。ムダにしないことは、シンプル・マジックの鉄則。私の場合、近くに妹や友人がいるのでおおいに助かっています。

近所づきあいをしている人たちとも、気軽にあげたり、もらったりしているので困ることはないのです。

●マンションの管理会を通して仲間づくり

おすそ分け仲間だから、おすそ分けしたり、されたり。ただ、それがたまたま同じモノだと本当に困ります。

二人ぐらいの仲間だけでは、行ったり来たりになるので、結局はおたがいの家で余らせることもあり、シンプルとはいかなくなってしまいます。

仲間が三〜四人いれば、同じモノが重なったとしても、ほかの人におすそ分けすればよいわけです。

とはいうものの、おすそ分け仲間はそうそう簡単にできるものではありません。

私はマンションの管理会で気心が知れた人たちと仲間をつくっています。マンションの管理会や町内会などを積極的に利用でもしない限り、なかなか仲間をつくれないので、このような会合にはどんどん参加するとよいでしょう。住民同士なら、行ったり来たりの手間や時間もかからなくてすみますし。

多くつくりすぎたときにも、このおすそ分け仲間が助けてくれます。ひとりで何日も同じモノを食べていては、せっかくのおいしいモノも新鮮さが失われてしまいます。

さっさと食べきり、また新しくおいしい料理をつくる、つくることで腕を上げることも、食のシンプル・マジックです。

14 ひとりぼっちの食卓。寂しさを癒してくれる食べ友達をつくる

●話し相手がなく、すぐに食べ終わってしまう

ひとり暮らしは、シンプルでとても快適ですが、一番困るのは食事です。ひとりの食卓が寂しいということもありますが、それよりも、話し相手もなく、あっという間に食事が終わってしまうのが、つらいのです。

テレビという相手もいるけれど、一方的に話すだけだから、会話にはならなくて、これはもっと寂しいことです。

たまには、ぺちゃくちゃと話しながら食べると、少々まずいものでも、おいしく食べられるのではないかと、期待もあります。

食事中に話をしてはいけないとしつけられてきましたが、いまでは、話をしながらのほうが楽しいと思うようになりました。

●食欲旺盛で、お酒も飲める相手ならなおよし

おたがいに都合のよいときだけ、一緒に食事をする食べ友達がいてくれれば最高でしょう。食べ友達だから、食欲があって、好奇心もそこそこで、欲をいうなら、少々飲めるほうがいい……。

妹を食べ友達に、と考えましたが、彼女とは食の嗜好《しこう》が違うし、第一、彼女は食に興味がないのです。若い頃、一緒に生活したことがありますが、どんなものをつくってもあまり食べないので、嫌になりました。食い意地の張っている私としては、食に興味のない相手との食事ほど、つまらないことはありません。目の前で、これは嫌い、油があるのは嫌、といわれ、箸がすすまないのを見ると、好き嫌いのある人は楽しくないなと、つい敬遠してしまいます。

どんなものでもおいしく楽しく食べられたほうが、人生が輝いていると思いますが、世の中にはそうではない人もいるものです。自分と同じように食に興味のある人がいれば、友人でも先輩でも仕事仲間でも早速食べ友達にしたいものです。一緒に愉快に食事ができて、話も面白ければよいのですから。

ただし、そんなときには政治、宗教の話はなし、仕事のこともほどほどに。料理は

持ち寄り、おたがいが負担になったら終わり、といったルールをつくっておくことも必要でしょう。

15 生き物の生命を食するのが食事。感謝の気持ちで食べきる

●自分で植えつけたジャガイモの美味なこと！

「海や山の幸」とはいっても、「都会の幸」ということばはありません。食材の産地は海、山、里にあるからで、それを都会で食べるには、相当な努力が必要となります。つまり、産地まで出かけて行く必要があるのです。

あるとき、NGO活動をしている山梨の桃農家の方が、「ジャガイモを植えに来ないか」と誘ってくれたので、仲間と行くことにしました。ジャガイモを植えるのは、もちろん生まれて初めて。一から教えてもらい、汗だくになって五〜六畝《せ》の畑に植え

つけました。いま植えたばかりなのに、すぐにでもおいしいジャガイモが収穫できるような気になって、ジャガイモ好きな私は、すっかりうれしくなりました。

植えただけで、そのあとの手間ヒマかかる育成は、農家の方にまかせっぱなしで、結果としては、おいしいところだけをしっかりと収穫させていただきました。なんと収穫量は二〇〇キログラムにもなりました。

自分たちで植えたせいか、毎日ジャガイモ料理が続いても、飽きることはなかったのです。それほど、自分で収穫にかかわった食材、産地直送の食材は、手を加えて料理をしなくても、おいしいということです。

●つくってくれた人々の心を受け止める

それ以来、おいしいものは産地直送に限ると信じるようになり、海、山、里の産地近くに住んでいる友人とはじっくりとつきあうことに。それもおいしいモノをシンプルに食べたいと思うからこそです。とはいえ、都会に居ながらにしておいしいモノを食べようというのは、なんと傲慢《ごうまん》なことでしょう。額に汗して一生懸命につくってくれた人たちは、おいしく食べてほしいと願いつくってくれたはず。その心を受け止めて、きちんと食べきることが大切です。

それなのに、いまの私たちの食材に対する受け止め方はどうでしょう。私がまわりの人たちに聞いたところ、冷蔵庫に入れたままダメにしている食材は、一位キュウリ、二位モヤシ、三位豆腐、四位漬物、五位肉でした。冷蔵庫は食材の鮮度を保ち、生き物の生命をおいしく、ありがたく食べるために欠かせないモノのはずです。

しかし、私にもいえますが、それを十分に活用していない、管理を怠っている、過信しているなどの結果、食材をダメにしているわけです。

さらに、都会生活をする私たちのまわりには、さまざまな店がありますから、いつでも、どんなときにでも、食材を手軽に手に入れることができますが、そのことがかえって、食材に対するありがたさ、感謝の気持ちを軽んじてしまう結果となっていないでしょうか。

外食で食べ残す、多量に購入してダメにするなど、いまのゴミ状態からみるだけでも、私を含め、食材をつくってくれた人たちの心をも踏みにじっているといえるようです。海や山の幸を食べるのは、生き物の生命を食べることなのです。ありがたく、最後までしっかりと食べきらなければならないことはいうまでもありません。

Part

5

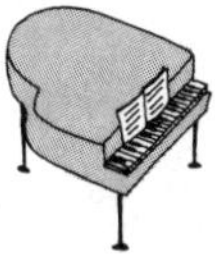

心を整理して スッキリした生活

1 一週間を妻・母・女性の三役にスッキリ分ける

●共働き女性のイライラとは?

「朝から食事づくりなんてたぁーいへん。時間がないから、家族には牛乳とパンですませてもらって、前日に仕事を残してきたから、さあ、急いで子供を保育園へ、というときにかぎって子供が熱を出すの。ますます混乱しちゃって」

と、共働きの友人が、いかに大変な毎日を送っているかを話します。

で、そのあと、彼女は少し離れたところに住む両親に電話して、孫のためとお願いしたけれど、結局、会社は遅刻。こういったことが重なると、上司からはにらまれるし、つきあいも悪くて、同僚には嫌われることにもなるそうです。

もちろん、家事の大変さも力説します。

洗濯は洗うだけならいいけれど、モノによってはアイロンがけが必要なモノもある。まとめてアイロンをかけることにしているけれど、たまりにたまったアイロンがけとなると、とたんに見るのも嫌になって、つい夫に「自分でかけてよ」とイライラも加わっていってしまい、喧嘩になることもあるとか。

この程度のことで喧嘩するほどばからしいことはないけれど、さまざまなことで家族分の家事の負担を負わされ続ける状態になってしまうといいます。

脱いだ衣類の収納、クリーニングへの出し入れ、季節の入れ替えと収納、フトン干しや手入れ、暖房器具のクリーニングや整備、掃除、買い物、食事のあと片づけ、ゴミ出し、それに育児から親戚や近所とのつきあいまで……。いったいいつになったら自分の自由な時間が持てるのか、と負担の少ないひとり身をうらやましがることしきりです。

●「三役」を完璧に、が原因に

ひとり身にしても家事の負担は一緒ですが、それ以上の負担はなく、気ラクなものです。

気ラクといえば、なにより時間が自由で、気持ちにも負担感がないことです。家事にしても極端なことをいえば、夜中に洗濯をしても、深夜に買い物をしてもよいわけで、家事が気ラクになれば、負担感もなくなります。

それをいうと、「えっー、ひとり身になれっていうの？」と友人。あまりに負担を感じるようなら、ひとり身になるのもいいけれど、独身であれ結婚している人であれ、要は心を整理することです。

働く友人は、妻、母、女性の三役を完璧にしようとしてできず、負担を感じてイライラをつのらせていきました。

シンプルにするには、妻か、母か、女性か、欲張らずにひとつに徹して生活すればよいのです。欲張れば欲張るほど、どれもこれも中途半端に終わり、ただ時間ばかりがすぎていくことになります。

●妻役以外の日は、ホコリを見ても気にしない！

でも、三役のすべてを極めたいというのなら、せめて一ヵ月を三等分、あるいは一週間を三つに分けて、妻に徹する日、母に徹する日……と割り切るのも方法です。この原則があれば、今日は妻役を降りてもいい日、と部屋のホコリを見てもイライラしないで気ラクに構えられます。

母役はじきに終わりがきますし、妻役も夫が亡くなればお役御免。できる間はしっかりと役に徹することです。

2 「心」もシンプルなドイツを見習って

●日本人は世界一忙しい民族!?

なにかと忙しい現代人。仕事はもちろん、ボランティアにも参加して、舅《しゅうと》、姑《しゅうとめ》の世話や介護もこなして、友人ともつきあって、ステップアップの研修にも励む……。これだけでも一日二四時間では足りないほどです。

そのうえ、親戚づきあいもこなし、地域活動にも参加して、家事までこなすのですから、こんなに忙しいのは世界中探しても日本人だけかも。

私は生活の知恵を探す旅に海外へ出かけますが、どの国の暮らしにもゆったりと時間が流れていることに驚かされます。

昨年もドイツに行ってきました。宿泊したのは、夫婦二人の家庭です。朝は夫のほうが先に起きてコーヒーを入れ、コーヒーが入った頃に妻が起きてきます。朝食はミュズリーと呼ばれる穀類に牛乳を混ぜたものだけで、いたって簡単。朝食が終わり、夫が仕事に出かけると、妻は新聞を読んだり、手紙に目を通したりして、それから買い物に出かけます。一日でもっとも充実した昼食をつくるためです。

昼食には夫も勤め先から戻ってきて、一緒に食べます。再び夫が出かけた午後には、本を読んだり、近所を散歩して、隣の方と話し込んだり。夕食は手軽にソーセージとパンだけで、七時には終わります。長い夜、夫はピアノを弾き、妻はピアノを聴きながら縫い物をします。

一日二四時間はどこにいても同じはずなのに、これほどゆっくりした暮らしがあるとは……私たちも見習わなければなりません。

●モノが少ないから片づいて見える

で、よく見ていると、洗濯や掃除をしている様子がほとんどないのです。家事といえば食事づくりとあと片づけだけ。

着ている服は二～三日は同じで、洗濯も三日に一回くらいしかしていません。掃除といえば、トイレと一緒になった浴室を週一回こする程度でおしまい。家事も徹底的にシンプルなのです。

ところが、部屋は汚れていません。家が広いからきれいに見えるといえば、それまでですが、モノが少ないことも大きいでしょう。

日本のように家具が多くてゴチャゴチャしていると、一生懸命掃除をしてもどこか汚れたように見えてしまうものです。

広い部屋に家具といえば、グランドピアノとソファにテーブルのリビングセットだけ。これほどスッキリとしていると、汚れがあっても目立ちません。

のんびりと時間が流れるドイツでは、生き方もそして家事もまたゆったりとしていました。

3 複雑になりがちな家族への気遣いも整理して

●家族だからこそ気遣いが複雑になる？

家族にも誰にも気を遣う必要のないひとり暮らしは、すこぶる快適です。とはいうものの、ひとり暮らしをしている人の多くは私も含め、求めてひとりになったわけではなく、進学や就職、家族との別れなどによって、ひとりになったケースが大半のようです。

私のように長く気ラクなひとり暮らしを続け、誰にも気遣いすることのない快適な生活をしてくると、家族を気遣う気持ちさえどこかに忘れてしまっています。久しぶりに訪ねてくれた友人の娘さんの話を聞いていて、家族への気遣いということを久々に思い出しました。

「友達と会って、楽しくおしゃべりしていたら、あっという間に時間がすぎてしまったの。出がけに、友達に会うから遅くなる、といってきたからいいと思っていた。なのに、帰ったらパパが起きていて、なんで電話をかけてこない、こっちは心配で寝られなかったんだぞ、ってすっごく怒ったのね。私の言い分も聞かないで。そんなに信用されていないかと思うとつらくて……。いっそひとり暮らしがしたいわ」

と、嘆きます。

家族にも気遣いが必要なことぐらいわかっていた。だから「今日は遅くなる」と出かけたはずなのに、「遅くなる」のとらえ方が親と少し違うだけで、気遣いをして遅くなった理由を説明しなければならないなんて、なんてわずらわしいのかしら、と思っているのです。

この頃の娘さんが思いがちなことですが、親子だからこそ気遣いが複雑にならざるをえないのかもしれません。

●言葉どおりに受け止めれば、気遣いもシンプルに

親の態度や言動を見ながら気遣いというものを家庭で覚えれば、社会人として自立したときに困らなくてすみます。だからといって複雑すぎるのは困ります。家族への

気遣いはシンプルにしたほうがいいのです。

そのためには、たとえば言葉どおりに受け止めて、憶測はしない、相手の状況を理解する、相手の心の中まで踏み込まない、自分の感情を押しつけない、自分勝手な解釈はしない、などといったことを心がけたいものです。

家族であっても気遣いを整理してシンプルにすると、生活も気がねなく楽しいものになります。心に余裕ができて、のびのびし、つきあいの幅が広がって、気持ちまで自由になります。

その結果、どんなことにでもチャレンジできて、好きなことがいつでもできる、といった生活に近づけます。

とはいえムリをすることはありません。気遣いが大切な時期もあるのです。友人のところでは、いまは親が子を気遣うときですが、いずれ子が親を気遣うときもくるからです。

そのときがいつくるかは、家庭それぞれで違いますが、気遣いが必要な時期は、シンプルはお休み。そのことも心がけていたほうがよいでしょう。

4

つきあいもスマートに。よけいな気遣いは不要

●トンチンカンの気遣いは失礼になることも

つきあいとは相手を気遣うことだと思っています。ところが、私はこれが苦手。トンチンカンな気遣いばかりしているのです。

先日、大先輩と一緒に技術見学に出かけることになりました。大先輩の年齢を思って、私は「自宅から車で行きましょう」と申し出ました。考えてみれば、とても失礼な話です。元気で海外まで行った方を、まるで歩けない老人扱い。案の定、大先輩は「電車で行きましょうよ」とおっしゃいました。

暑いし、距離もあるので気を遣ったつもりですが、なんて無神経で失礼な、ととられても当然です。

どちらかというと、気を遣うより身体《からだ》を使うほうが向いている私。変に気遣いをす

ると、このような失敗をしてしまいます。

しかし、気遣いなしで、他人とつきあうことはできません。

このつきあいをシンプルにするには、ムリな気遣いはしないことです。これは自戒の意味もこめてのこと。

●ムリな気遣いはおたがいに疲れる

「夜行くかもしれない、と友達から連絡があって、待つこと六時間、その間、一本の電話もないのよ。そんな人とわかっていたら気を遣わなかったのに。ああ、疲れた」と、友人。

来ると思って夕食を用意したのにがっかりした、といいます。友人も私と同じようなことをしているなぁ、と思いますが、ここにもムリな気遣いが見えます。実際に来たときに、気遣いすればよいのです。

このようなムリな気遣いは、相手へも心の負担になります。ムリはしないで、自然な気持ちで接したほうが相手にもよいし、もちろん自分の心にとっても気ラクです。

5

ぜい肉を削《そ》ぎ落《お》として生活をスッキリ、シンプルに

●一日は二四時間。あれもこれもは望めない

仕事をしっかりやって、遊びの時間もたっぷりとって、つきあいも上手にして、それに家事まで充実させて、といったあれもこれものゴチャゴチャ生活は、ゆとりは望めず、どこまでいってもゴチャゴチャのままです。

ゆったりしたいなら、基本の生活をシンプルにキメるしかありません。

重要なのは一日二四時間をどう使うかです。つまり、仕事でいくのか、つきあいを中心にするのか、それとも趣味を充実させるのか、ボランティアなのか……といったことです。

どれもこれも平均的に追いかけていては、生活はシンプルにはなりにくく、せめてどれか二つくらいに整理するとよいでしょう。

●つきあいや習いごと、本当に必要なのは何?

自分の活動を一度よく見つめ直してみることも大切です。仕事にしても、なんのために働いているのか、その目的をシンプルにはっきりさせると、もしかしたらいまの仕事が合っていないことを発見するかもしれません。

人とのつきあいにしても範囲を絞ることで、本当に必要なものかどうかが見えてくるかもしれません。

趣味の習いごとも面白くないのに、誘われたからただ習っているということになるかもしれないし、ボランティアも、本当にしたい気持ちからではなく、何かしなければならない気持ちにさせられているだけ、ということに気づくかもしれません。

生活のゴチャゴチャを削ぎ落として、時間の使い方をスッキリさせると、生活は自然にシンプルになり、ゆったりとした時間を生み出すことができるはずです。

ついでに欲望もしっかり削ぎ落とすと、さらにシンプルでゆったりした生活が得られます。

6 生活の「基本」は年齢で変化する

●シンプルな生活でも変化はある

「二〇代は仕事に専念していたけれど、結婚した三〇代からは、子供を育てることに精一杯。その頃、仕事も結構忙しく、夫の助けがなければ、とても乗り切ってはこれなかった。四〇代は子供が成長したこともあって、また仕事に向き合うことができたと思う。やれやれといったところかな。そして、五〇代になったいま、もうひと頑張りできるかな。といってもこんどは体力的に、どうしても踏ん張りがきかなくなっているから、思うようにできないことが多いわね。それでもまだ仕事はできると信じている」

生活の基本を仕事ひと筋にしてきた友人の話です。彼女は、「あれもこれものゴチャゴチャ」とは無縁の、本当にシンプルな生活をずっと実践してきました。もっともつらかった時期は子育ての頃だといいますが、それでも仕事を離れず、なんとかやりくりして続けてきたのです。そして五〇代に入り、これからは仕事は半分にして、残りの半分は生活を楽しむことにあて、ゆったりしたいと思っているとのことです。

彼女の生活の基本はずっと仕事にあったとはいえ、年代によって微妙な変化があったわけです。

●四〇代で生活変革

また別の友人は、

「二〇代は仕事中心だったけれど、二〇代の終わりに結婚してずっと子育て、家事に専念してきたの。でも、四〇代から五〇代にかけては、自分のために時間を使うことにしたわ。保存食づくり、弓道、陶芸、ボランティアと時間が許す限り自分のために時間を使っているの。それに、これからはいつ死んでもいいように、学生時代の思い出の手紙や写真などを始末しなければ、と整理しはじめたの」

生活の基本を家族のために、家事のために過ごしてきたこの友人も、四〇代以降は自分のためだけに時間を使う生活に切り換えたというのです。二人の例からも、年齢によって基本の生活の変化が理解できます。二人とも基本の生活を年齢によってみずから変革させていったわけです。

7
考え方を変えればゆったり心穏やかに暮らせる

●三人三様のイライラを抱えて

考え方ひとつで、生活はいかようにもなるのではないでしょうか。

広い家を持ち、ひとり暮らしをしている友人は、毎日仕事に追われて、会社に寝泊まりするほどの忙しさです。家は寝るだけの場所。広くて、気持ちのよいしつらえも彼女にとってはゆったりとくつろげる空間でさえないのです。

スペースから見れば、彼女の生活はじつにゆったりとしていますが、ゆったりした時間は持つことができずにストレスがたまり、いつもイライラしています。

反対に、自由な時間があり、仕事もそれほどきつくないけれど、経済的には豊かとはいえない友人がいます。彼女は狭い家から越したくても越せなくて、いつもモヤモヤがたまっていて、つい衝動買いに走ってしまいます。その結果、狭い家をモノでより狭くしているのです。

自由な時間にしたいことをして充実していれば、モノを買い込むこともないのですが、それができないのはやはり狭い家への不満があるからでしょう。

家の広さには不満はないけれど、職場の人との考え方の違いに悩んでいて、それがもとで精神的なバランスをくずした友人もいました。が、職場が替わり、摩擦を起こしていた相手がいなくなった途端に元気になったのです。

●割り切り方ひとつでストレスもグンと減る

三人ともゆったりと心穏やかに生活したいと願いながら、それがかなえられないもどかしさを抱え、ストレスになっています。けれど、考え方ひとつで、ゆったりとした心穏やかな生活はできます。

忙しいとはいえ、仕事だけが人生ではない、と考え方を変えれば、仕事量を減らすことはできます。部屋が狭いのなら、モノを思い切って処分して、これ以上買わないようにすれば、広く使えます。誰でも考え方は違うもの、と割り切れば、精神のバランスをくずすこともないでしょう。考え方をチェンジすれば、心穏やかにゆったりと生活できるのです。

考え方を変えないのは、そもそもゆったりと生活したいとも思っていないからではないでしょうか。

8 ボランティア活動で生活整理も自然体に

●メリハリある生活が生む心のゆとり

自分だけの時間ができたら、あなたはその時間を何に使いますか？　仕事に戻るのでしょうか、趣味を広げるのでしょうか、友人と連れ立って旅に出かけるのでしょうか、スポーツを楽しむのでしょうか、家族のために使うのでしょうか、それとも他人のために費やすのでしょうか。

時間的なゆとりができても、何もしなければダラダラと時間はすぎていきます。それでは、肝心のゆとりも感じることはできません。生活にメリハリがあって初めて感じられるのが、ゆとりなのですから。

その時間を何に使うかが問題ですが、他人のためにボランティアをするのも有意義でしょう。それは、さまざまな人の生活にふれるチャンスであり、また、他人のために何かをすることで、人生を学ぶこともできます。

老人介護支援、開発途上国支援、市民運動支援、地域活動支援、地球環境活動支援、自然保護活動支援など、多くの支援活動があります。そうした活動を通して、自分の住む町、地域、都道府県、国をより深く知ることができ、そこからさらに生活を見つめ直す機会ともなります。

支援という行動を起こしてみて初めて、世の中にはさまざまな生活があり、それぞれの生活がじつは、しっかりとおたがいに結びついていることがわかります。自分の生活がいかに多くの地域や国とのつながりの上に成り立っているかを知ると、生活整理も自然体になります。

ひと部屋のアパートに生活していようと、一汁三菜の食事を続けていようと、それが自分にぴったりの生活ならゆとりを感じられる——。自然体のシンプル生活とはそういうことなのです。

9 シンプル健康法は道具もお金も不要のストレッチ

●重い荷物を持ったら腰痛に！

相当重い荷物を持ったせいで、腰が痛くなってしまいました。そろそろ身体のどこかに故障が出る頃とは思っていたけれど、まさか、一番恐れていた腰だったとは。

起き上がるのも大変。医者やマッサージ、整体といろいろ思い浮かびましたが、まずは自分でやってみることに。

身体を動かさずにいたせい、とラジオ体操で上半身全体を回してみました。身体が痛くて思うように動きません。いよいよ医者行きか、と悩んでいたら、友人が訪ねてきてくれて、ストレッチをやれといいます。

ストレッチなど、どんなものかも知らなかったので、ついでに教えてもらいました。彼女が自分で工夫した動きです。

腰を使う動作では痛みが伴うけれど、それ以外のところならできます。で、やってみると、運動不足は明白。首を回せば音がするほどなのです。

これでは、すぐに動けない身体になると脅かされました。といって運動するのに、いまさらどこかに通うのも面倒です。

ここはストレッチで回復させようと決心しました。理由は、ストレッチなら道具がいらなくて、シンプルだから。

●掃除にストレッチ効果を持たせる

毎日一〇分と彼女はいいましたが、教えてもらった一五パターンすべてではなく、とりあえずは好きなパターンだけに絞って五分間としました。

まず軽く左右に手を振りながら、肩や腕をストレッチ。両腕で大きなボールを抱えるようにして、背中と腰をストレッチ。右脚を前に膝を軽く曲げ、左脚はまっすぐにして、脚のストレッチ。左脚も同様に。このとき背中をまっすぐにすると、腹筋にも少しは効果があるとのこと。ときどき、首も軽く左右に振って、ストレッチをするなどです。

ストレッチなら料理をしながらでも、歯を磨《みが》きながらでもできます。でも、一番いいのはテレビを見ながら。

初めはきつかった動きが、しだいに慣れてきました。この調子なら、なんとか続きそうです。

掃除がストレッチだと思っていましたが、一年に二〜三回の中掃除では効果も薄かったのでしょう。これからは毎日、大掃除のつもりで励むつもり。ストレッチで身体を動かし健康になって体調が維持でき、部屋もきれいになるのだから、掃除も使いようです。

10

水やりも草とりもしないで、ガーデニング気分を満喫

●植物を枯らし、ゆったり気分もどこへやら

「毎朝、水をやりながら庭の植物を見るのは楽しいわよ。しおれてもうダメかもしれないと思っていたのに、芽をふいたり、実をつけたり。虫を退治したらまた元気になってくれたり……」

そう、ガーデニングの楽しみは、一～二年の短いサイクルで植物の生長をこの目で見られることにあります。

庭がなくても、部屋でミニプランターを使って育てられる。葉が出て、芽がのびて、花が咲くとなったらどんなにうれしいことか。

そうだ、もしかしたら生活に潤いが生まれるかもしれない、と私も始めました。一ヵ月もしないうちに、植物の様子がおかしくなり、ダメになってしまいました。

植物と共に暮らせなかったのです。朝、忙しくて面倒もみないで出かけ、昼間は留守、夜ようやく水やりをしても、植物のサイクルとは違ってしまったわけです。ものいわぬ植物の声を聞かなかったのが間違いでした。ゆったりしたくて植物を育ててみましたが、かえってゆったりできないことに気づかされたのです。それなら、迷惑もかけず、時間も使わず、手間も省いて楽しもう、と考えをスパッと切り換えました。

●手間ヒマかけないガーデニング

ガーデニングを身近に引き寄せず、遠くから眺めてみることにしたのです。

私は手入れもせず、水もやらず、ただ眺めるだけ。申しわけないようですが、そこは手間ヒマをかけないため、と割り切りました。

ひとり暮らしでは、何日も家を空けることもあります。そんなとき、水やりを人に頼むのでは面倒だし、万一枯れてしまったときには、頼まれた人との関係がギクシャクしそうで嫌だったのです。

そう思って散歩してみると、あちらこちらで、ガーデニングをしていてくれました。

散歩コースを変えれば、四季の花々や樹々、雑草などでも珍しいものを発見することがあって、得した気分にもなれます。

11 一〇分の散歩が生み出す気持ちのゆとり

●一〇の散歩コースで変化を楽しむ

洗濯も、掃除もするヒマもない友人が「ヒマになったらゆっくりしたい」といいます。働いている人間ならみんな考えることですが、はて、ゆっくり何をしたいのでしょうか。

ゆっくり生活したいために、洗濯や掃除、料理にできるだけ手間ヒマかけずシンプルに徹しているのに、ゆっくりした時間を仕事に費やすのでは、味気なさすぎます。

朝、支度に手間どらずさっと出かけられたら、一〇分の「ゆとり散歩」をしてみたいものです。一〇分だから、それほど遠くまで足をのばせませんが、それでもいつもとは違う道を歩けます。

一〇分の散歩コースを一〇コースつくっておくと、歩くだけの道でも変化が楽しめます。

私は運動のコース、猫と遊ぶコース、ガーデニング拝見、店巡り、洗濯物拝見、お家拝見、車見学、天気観察、ゴミ観察、窓辺風景などと勝手にコース名をつけて、その日の気分で選び、歩きます。

●散歩の途中でコーヒーでもいかが？

一〇分、二〇分といったわずかな時間ですが、ゆったりした気分になれます。朝の出がけでも、帰りがけでも、また昼間の時間でもよいのです。

ゆとりがあっても、どこかに行かなければならない、誰かと共にしなければならない、というのでは生活はシンプルにはなりません。

ひとりで勝手に歩くのですから、道具も時間も手間も相手も何もいりません。これほど簡単なことはないと思っています。

自宅の近くを散歩するので、近所の道や家、店、建物のことがよくわかり、ときどき新しい発見もあって楽しいし、地震や火災といった災害のときにも、この経験が役立つかもしれません。

一〇分とはいわず、二〇分、三〇分と時間がとれれば、コースも多くとれ、歩く範囲も広がります。気分もさらにゆったり。散歩の途中でコーヒーの一杯も飲んでみたくなるでしょう。

12 安らぎのティータイム。会話を楽しみ、優雅なひとときを

●わずかな時間の「ほっと」で満足する

食後に、ひと仕事終えて、スポーツの疲れのあとに、あるいは家事の始末のあとに

など、ほっと安らぎたいときは誰にでもあります。

一日のほっとした、ほんのひとときはいまの私たちの生活には、大切にしたい、増やしたい時間です。でも、望みを大きくしすぎるのはやめましょう。ほんのいっときでも、大切にすればシンプルに楽しむことができるのですから。

もっと時間が欲しいからと、ほかの時間を削り、キリキリしてつくった時間は、ほっとできる時間とはなりません。「ほっと」するどころか、次の仕事のこと、子供の勉強のこと、夕食の支度などについて、つい、考えてしまっているからです。

「ほっと」する、ほんのひとときをシンプルに考えましょう。

このひとときは、何もしない時間です。だから、お茶を飲んで大きく深呼吸してみるだけ。ダラダラと「ほっと」を続けてはいけません。そのまま気持ちまでダラダラしてしまうからです。

気持ちを、一瞬整える、といったくらいに抑えることです。

●お茶は時間をかけてコクと香りを引き出して

「ひととき」ではなく、日によっては、ぽっと長い時間があくことも確かにあります。でも、せっかく時間ができたのだから、もったいない、とばかりに美術館巡りやデパート巡りをすることは避けたいものです。疲れ果てて、安らぐどころではなくなってしまいます。

時間がたっぷりできたときも、おしゃべりのティータイムだけを楽しむシンプルさが欲しいのです。あれもこれもとやってはみたけれど、どれも安らぎにはならなかったという結果は、目に見えています。

おしゃべりには、なんといってもお茶です。午前の緑茶、午後の紅茶、夕方のコーヒーと、ゆっくりとお茶を飲みましょう。お茶を入れるときには、ゆっくり葉がひらくのを待ちます。この待つ時間が楽しいのです。味わい深いお茶は時間をかけて、香りと味、コクをじっくりと引き出しましょう。

その間は、おしゃべりを楽しみます。ファッション、メイクアップ、ヘアファッション、仕事、会社、友達、旅行、映画、芝居、スポーツ……。

どんな話題であれ、おしゃべりをしていると、お茶もおいしいし、そんなシンプルな安らぎを大切にしたいものです。

13

ささやかな楽しみで幸せを感じられる心が素敵

●夕焼けと月とを一緒に眺めて小さな感動を

楽しみはささやかでシンプルなほうが、すぐに手に入れやすく、うれしいものです。大きな楽しみはかなえられたときは最高ですが、かなえられなかったときの絶望感は深くて、悲しくなります。

だから、ささやかでシンプルな楽しみを見つけたいのです。

それは、春に満開の桜の下を歩くこと、夏、朝日を横目で見ながら花に水をやること、秋に赤くなった虫食いの落ち葉を拾うこと、どこからともなく虫の音が聞こえ、夏が終わったのを実感するとき、キンモクセイの香りに包まれて毎朝通うこと、夕焼けと月を一緒に眺める瞬間、都会での初雪を眺めながら一杯飲むこと……。

こんなささやかな楽しみは、お金もかからず、連れ立つ友がいなくてもよく、長い時間をかけることもありません。

ほんのひととき心にとどめ、ゆっくりと楽しむだけです。

楽しみの満足感があれば、鼻唄のひとつも歌い、元気に暮らすことができます。じつにシンプルです。

●日々の生活にはないメリハリが、楽しみに

また、日がな一日、日向ぼっこをしてマンガを読む、うとうとしながら音楽を聴く、ペットの話を友達とする、図書館でビデオテープを見て過ごす、気に入ったギャラリーを巡る、古本屋街をぶらつく、面白そうな街を看板を見ながら歩く、川を上流から下流に向かって食べられる野草を摘みながら行けるところまで歩く、映画館で同じ映画を何回も見る、バスを乗り継いで市内を巡る……。

こうしたささやかな楽しみは、時間さえあれば、いつでも実現でき、満足感も一〇〇パーセント得られるからうれしいのです。

日々の生活にないメリハリをつけることが楽しみといえますが、メリハリをつけるには、メリハリを楽しむ気持ちが必要です。

何に対しても楽しもうという気持ちさえあれば、ちょっとしたことも生活の変化となり、潤いにもなるはずです。

Appendix

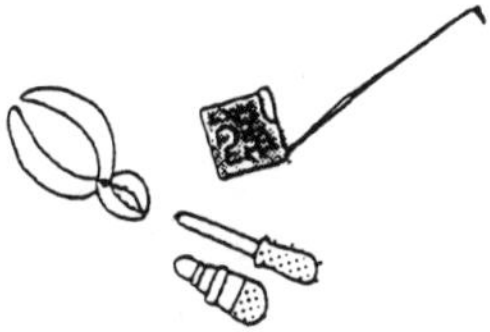

家事名人のお役立ちの53品。
こんな「裏ワザ」で生活整理を

モノの数が少ないほど、家事がスムーズに運べます。必要なモノを厳選し、そろえましょう。本来の使用目的以外の使い方を知れば、ひとつのモノで何通りにも使えて、モノの必要数も減ります。そんな裏ワザも紹介しましょう——。

1 塩

研磨材代わりになる。歯磨き、うがいにも使える。多少の除菌力がある。これで茶シブなどをこすって落とす。

2 酢

漂白力、除菌力がある。調理器具、冷蔵庫、トイレの汚れ、白い水アカなどを落とす。色落ち防止、生ゴミの臭い防止にも役立つ。

3 茶

脱臭剤の効果が期待できる。紅茶では染色作用がある。

4 割り箸

サッシの細かい溝、冷蔵庫のドアパッキング、ベランダの排水口に詰まったゴミを取るのに便利。

5 キッチンバサミ

花、木、密閉袋、カニ、海老などの殻

を切るのに使える。

6 ガーゼ

ケガの手当てだけでなく、スープをこしたり、薬草を煎じたり、また、コーヒーのフィルター代わりにも使える。

7 炭

火力としての本来の使用以外にも、ご飯を炊くときに入れると味がよくなる。トイレや下駄箱などに置くと、消臭・脱臭になる。

8 ゴム手袋

肌を洗剤などから保護できるだけでなく、カーペットの隅のホコリを取ったり、ペットの毛を除去するときにも便利。

9 フリーザーバッグ

食品の冷凍保存、旅行の小間物入れ。ジッパーの色で書類分類ケースとして使用。

10 手編みのアクリルタワシ

アクリル毛糸には油汚れを吸着する力がある。アクリル毛糸で鍋つかみを編み、これを食器の汚れや調理器具の汚れ落としに使うとよい。

11 金属タワシ

調理器具やステンレス流しの汚れ落としに使用。トイレの手洗い、洗面シンクの汚れ落としにも活躍。

12 軍手

庭いじり、引っ越し、大きな荷物を運ぶときなどに使用。軍手をはめたままブラインドをなでるとホコリが簡単に落とせる。化学雑巾液を軍手にスプレーして、オーディオ、テレビ、コンピューターなどデリケートな機械のホコリ取りにも。

13 ストッキング

破れたストッキングは、裂いてはたきにする。静電気が起きて、ホコリ取りには最高。流しの排水口にかぶせて細かいゴミをキャッチ。川を汚さないですむ。浴室の排水口にも使えるが、水の流れが少々悪くなる。

14 洗濯板

文字どおり洗濯するときにこすって汚れを落とす。靴下、衿《えり》、袖口など、汚れが入り込んでいる部分に使うと便利。

15 古歯ブラシ

ザルの目、冷蔵庫内の細かい部分、靴やハンドバッグ、換気扇の羽根や網などの汚れ落としに。水道の蛇口を磨《みが》く。カーペットの焼け焦げは古歯ブラシでこすると隠せる。

16 綿棒

オーディオセット、コンピューター、テレビなどデリケートな機械の細かい部分についたホコリ取りに。

17 スニーカーブラシ

トイレの縁、洗面器や浴槽の縁などの汚れ落としに。

18 クリーニングハンガー

先端を上に曲げて、スニーカーや運動靴を干すときに使う。つるすところと底面を一緒に引っ張り、平たくして、そこに登山用などのアクリル靴下をはかせて隙間のホコリ取りに。

19 大判のゴミ用ポリ袋

カーペット、フトン、扇風機、暖房器具などを包み、収納しておくのによい。ただし、ポリ袋はホコリを吸い寄せるのが難点。

20 洋服ブラシ

一本あれば、衣類の手入れが簡単にできる。豚毛かほうき草のモノが衣類を傷めにくい。靴用のブラシは毛羽《けば》のある衣類の手入れに便利。

21 スポンジ

食器から浴槽までどこにでも使用できるのがスポンジ。少し湿らせて衣類の毛羽を整えたり、壁の汚れ落としや、カーペットの毛を集めるのにも使える。

22 保冷剤

発熱したときや寝苦しいときに額に当てる。食品に使えば、品質の低下を防げる。

23 古いTシャツ

使い古したモノを掃除用に。細かく二〇センチメートルくらいに切り、靴磨き、サッシ磨き、玄関磨き、鏡磨き、トイレや浴室の金属磨きなどに使う。

24 洗濯ネット

衣類を傷めずに洗濯するものだが、小さいサイズなら小物入れに利用できる。

25 安全ピン

バラバラにしたくない靴下、手袋などを収納しておくときに活用。フトンや枕のカバーを留めるのにもよい。

26 霧吹き

アイロンがけだけでなく、汗をかいた衣類の汗ジミ取りに。汗ジミの部分にひと吹きしておくと、目立たなくなる。少しのシワをのばすにも、さっと吹きつけておくとよい。

27 懐中電灯

いざ、というときの備えに。押し入れの隅の探しものをするときにも役立つ。海外旅行で電灯のない場所でも活躍する。

28 古電話帳

毎年新しい版と交換される電話帳。前年のモノを取っておき、調理器具や食器についた油汚れを拭き取るのに使う。洗面所や浴室などの鏡を磨くのにもよい。冷蔵庫に葉物を入れておくと水滴がつくが、この紙で包んでおくとベトつかず、長持ち。

29 圧縮袋

フトン専用、衣類用などがあり、収納スペースを広く使える便利な圧縮袋。カーテンなどにも応用できる。衣類もシワが取れるまで時間はかかるが、元通りに戻る。

30 卓上コンロ

大勢で鍋ものをするときはもちろん、ひとりで鍋をつつくときにも便利。

31 孫の手

背中をかくのに使う孫の手。タオルなどを巻きつけて、天井の汚れ落としに便利。

32 孫のブラシ

手の届きにくい背中を洗うための孫のブラシ。浴室の天井や換気扇などの汚れを落とすのにもよい。

33 マグネット

メモした紙を冷蔵庫や換気扇の枠などの金属部分にマグネットで留める。不要になったらすぐに取れるのも便利。

34 超極細繊維雑巾

食器から調理器具、流し台、ガスレンジ、換気扇の汚れまで、洗剤なしで落とせる超便利な雑巾。水かお湯で絞ってそのまま使用。細かい繊維の毛羽が汚れを吸着。汚れたら、石鹸《せっけん》をつけて洗えばきれいになり、また使える。三年間は使用可能。

35 湯たんぽ

地球環境を考えるなら、なつかしい湯たんぽを。電気アンカよりも温かさが柔らかく感じられるから不思議。冷え性の女性はぜひ使ってみて。最近ではかわいらしい色の湯たんぽも売られている。熱すぎないように、お湯の温度を調節して。

36 ウォーキングシューズ

高いお金を払ってジム通いをしなくても、ウォーキングシューズがあれば、ただで運動ができる。ひざを痛めないためにも、必ず足に合ったウォーキングシューズを。

37 脚立

天井に取りつけられた照明器具の掃除や、高い棚にある調理器具を取るときの必需品。脚の部分がしっかりしたものを選ぶこと。

38 簡易キャリアー

重い荷物を運んだり、粗大ゴミを出すときに重宝。簡単で扱いやすいものを選ぶ。折りたたみ式のものなら、収納も隙間などに入れられて便利。

39 工具セット

かなづち、メジャー、ドライバー、ペンチなど工具を一式そろえて、器具などの簡単な修理は自分で。本格的なものでなく、家庭用のもので十分。

40 小さくて丈夫な椅子

背伸びしても少しだけ手が届かないところにあるモノを取るのには、脚立よりも小さいスツールが重宝する。モノをちょっと置けるし、そこに座って靴の紐を結ぶと案外ラク。東急ハンズなどで売られている、脚が折りたたためて取っ手もついているスツールタイプが便利。

41 包装紙

家具や重い荷物も、包装紙があればひとりで移動可能。家具を少しだけ持ち上げて包装紙を下にすべり込ませる。この紙に家具を押しつけながら押すだけで、家具は動く。包装紙が使えるのはフローリングの上だけ。畳やカーペットの上なら、薄い段ボールを使う。

42 石鹸

弱アルカリ性なので、油汚れにはこれひとつあればいい。換気扇の頑固な油汚れまで落とせる。防虫剤の代わりにタンスに入れておくと、虫がつかない。

43 消毒用エタノール

殺菌力があり、揮発性にもすぐれている。まな板などの調理器具、冷蔵庫、トイレなどにシュッシュッと吹きかけるだけで殺菌できる。ベッドやフトン、シーツなど寝具の上からも吹きかければ、衛生的。お風呂に入れないときは、エタノールを吹きかけたタオルで身体《からだ》を拭くとよい。

44 粉末クレンザー

カビや石鹸カス、茶シブなど、落ちにくい汚れもこれ一本でほとんどまかなえる。表面を傷つけないためには、粒子の細かいものを選ぶ。力の入れ方しだいで、頑固な汚れも落とせる。

45 練り歯磨き

もっとも研磨力が弱い研磨材であり、表面を傷つけずに汚れが落とせる。蛇口や鏡、プラスチック製品、浴槽など、何にでも使えるのが魅力。

46 重曹

重曹は弱アルカリ性。中性洗剤に混ぜるとアルカリ性の洗剤になり、油汚れに効果を発揮。

47 台所用の中性洗剤

洗浄力は比較的弱いけれど、他のモノと混ぜれば、いろいろな汚れに対処できる。酢を混ぜれば酸性になり、トイレなどの汚れが落とせる。重曹を混ぜるとアルカリ性になり、油汚れに効果を発揮。

48 アンモニア水

薄めて使えば頑固な油汚れを落とせる。臭いがかなり強いので、使うときはマスクと手袋をして。

49 ベンジン

衣類についた油汚れに。布に少量染ませて、汚れの部分を拭く。シルクやカシミアなどにも使える。

50 ミンクオイル

革製品の汚れを落として、ツヤも出してくれる。天然オイルなので、ソファからバッグ、靴まで、スムーズレザー製品ならどんなものにも使える。

51 ハンドクリーム

手の肌を守るハンドクリームは、動物の皮膚である革も保護してくれる。布にごく少量つけて拭く。革のバッグや靴、ソファなどに使って。厚くぬると、被膜ができてしまうので要注意。バックスキンには使えない。

52 乾燥ポプリ

浴室や玄関、寝室などに置いて香りを

楽しむものだが、タンスに入れれば防虫剤としても使える。

53 はつか油

入浴時、浴槽に浮かべればリラックス効果も。食器戸棚、下駄箱、タンスなどに入れても香りがよく、衣類に移り着心地もよくなる。また、トイレ用洗剤をつくるときにも使える。

文庫版あとがき

一九九〇年六月、私はドイツ南部フライブルク市のゴミ調査のあと、ハイツラー家を訪れました。広々とした庭には、さくらんぼの樹があり、ハイツラー家の子供たち二人とさくらんぼをとって食べたり、畑で土を耕したり、室内のかまどで焼きりんごをつくったりして過ごしたのです。

このときまで、私は自然とふれあう時間が、こんなにもうれしく、楽しかったことを忘れていました。

ハイツラー家の庭は、忙しく過ごした行き着く先がどこなのか、どうなるか、を私に考えさせてくれた場所でした。

それからは、時間をはじめ、これまで積み上げた暮らし、抱え込んだつきあい、スペースをふさいでいるモノたちを見直してみることにしました。それは、忙しさだけが基準であった暮らしから、ゆとりと楽しさを持ち、自然体で過ごす暮らしへと、大きく舵取りを変えたい！ と心より思ったからなのです。

これまでは仕事を基本にし、時間に追われ、働くことだけに一生懸命でした。もちろん、ゆとりを持ちたいと願ってはいましたが、持つためには仕事を離れなければならず、それはできない、と決めていました。

ところが、ドイツでは仕事もこなし、ゆとりも持っていたのです。たとえば、その家に伝わるジャムづくり、焼きりんご、ケーキづくりなどは庭やレンタル菜園までしながら、自然と親しみ、食に利用する気持ちを持っていたのでした。

彼らにできて、私たちにできないはずはない、できないと決めていた自分がおかしいのだと、考えてみることにしました。

そうして見直してみると、さまざまなムダ、不要、不都合、不合理なことが見つかり、それは時間やモノだけではなく、気持ちや自分のルール、決めごとを含む生活整理の必要性に迫られたのでした。

ドイツの体験から、じつに十数年の歳月をかけ、私はゆとりある暮らしのために生活整理を心がけてきました。その整理法、いい換えると、気持ちの切り替え方をまとめました。私自身、この方法でシンプル生活を実践し、気持ちにも、もちろん時間にもゆとりが得られたのは大変にうれしいことです。

二〇〇六年　一月

阿《あ》部《べ》絢子《あやこ》

本書は二〇〇一年六月に小社より刊行された『家事名人の生活整理術』を文庫収録にあたり、大幅に加筆したものです。

阿部絢子―1945年、新潟県に生まれる。共立薬科大学卒業。薬剤師として洗剤メーカーに勤務後、銀座松屋で、消費生活アドバイザーとして、消費者の相談にあたる。食品、料理、家事など消費生活全般に精通しており、テレビ出演、執筆活動などで、幅広く活躍中。
著書には『モノを整理してスッキリ暮らす』(大和書房)、『家内安心 暮らしの便利事典』(小学館)、『頭のいい整理・整頓術、教えます』(リヨン社)、『「やさしくて小さな暮らし」を自分でつくる』(家の光教会)、『これだけやれば充分手抜き家事のコツ』(岩波アクティブ新書)、『快適に暮らす小掃除術』(集英社be文庫)、『キッチンに一冊 食べものくすり箱』(講談社+α文庫) などがある。

講談社+α文庫 家事名人《かじめいじん》の生活整理術《せいかつせいりじゅつ》

阿部絢子《あべあやこ》

2006年1月20日第1刷発行
2009年5月20日第8刷発行

発行者――鈴木 哲
発行所――株式会社 講談社
東京都文京区音羽2-12-21 〒112-8001
電話 出版部(03)5395-3529
販売部(03)5395-5817
業務部(03)5395-3615

装画――塚本知子
デザイン――鈴木成一デザイン室
カバー印刷――凸版印刷株式会社
印刷――慶昌堂印刷株式会社
製本――株式会社若林製本工場

落丁本・乱丁本は購入書店名を明記のうえ、小社業務部あてにお送りください。
送料は小社負担にてお取り替えします。
なお、この本の内容についてのお問い合わせは
生活文化第二出版部あてにお願いいたします。
Printed in Japan ISBN4-06-256991-4
定価はカバーに表示してあります。

講談社+α文庫 Ⓐ生き方

- *源氏に愛された女たち　瀬戸内寂聴
  愛のあり方は不変。光源氏と十七人の女性との「愛のドラマ」から女性の生き方を考える　640円　A 1-1
- 昭和の皇室をゆるがせた女性たち　河原敏明
  事実は小説より奇なり。閉ざされた「菊の世界」に生きる女たちの麗しきスキャンダル！　686円　A 5-5
- 女40歳からの「気品ある人生作法」　塩月弥栄子
  40歳を過ぎてから、さらに輝く女性になるために、〝年齢〟を味方にする生き方のヒント!!　648円　A 6-3
- *スヌーピーのもっと気楽に❶〜❺　チャールズ・M・シュルツ　谷川俊太郎 訳
  スヌーピーと仲間たちが、どんなときでも、心をほぐしてくれる！　全巻・河合隼雄解説　各686円　A 18-0
- 男の気持ちがわからない君へ　秋元 康
  男たちの本音とは？　彼の仕事や義理を理解できれば、金屏風《きんびょうぶ》の前に立たせるのも簡単！　500円　A 20-9
- *いいことは、いつくるかな？　A・J・ツワルスキー　笹野洋子 訳
  スヌーピーと仲間たちが元気をくれる。ベストセラー『いいことから始めよう』新訳文庫化　680円　A 21-1
- スヌーピーたちの性格心理分析　A・J・ツワルスキー　笹野洋子 訳
  気になる自分の性格、苦手な他人の性格、人と人とのままならぬ問題を名カウンセリング　680円　A 21-4
- スヌーピーたちのいい人間関係学　A・J・ツワルスキー　笹野洋子 訳
  どんな人とも楽につきあい、いい関係にもっていくコツ！　人生の難問に明快に答える！　880円　A 21-6
- 皇后美智子さま　愛と喜びの御歌《みうた》　渡辺みどり
  あふれる感動と祈りが三十一文字に込められた珠玉の御歌集。素顔の美智子さまに出逢う　648円　A 24-5
- Dr.コパの一週間で運がよくなる風水　朝、昼、晩の正しい暮らし方　小林祥晃
  「西に黄色」をはじめとする風水の常識を基礎から解説！　ひそかな願いにすぐ効く!!　648円　A 29-5

*印は書き下ろし・オリジナル作品

表示価格はすべて本体価格（税別）です。本体価格は変更することがあります